U0929660

南京出版传媒集团
南京出版社

图书在版编目（CIP）数据

哈佛家训/苏豫编著．—南京：南京出版社，2018.5

ISBN 978-7-5533-2179-0

Ⅰ．①哈… Ⅱ．①苏… Ⅲ．①家庭教育－通俗读物 Ⅳ．①G78-49

中国版本图书馆CIP数据核字（2018）第060918号

书　　名： 哈佛家训
作　　者： 苏　豫
出版发行： 南京出版传媒集团
南京出版社
社址： 南京市太平门街53号　**邮编：** 210016
网址： http://www.njcbs.cn　**电子信箱：** njcbs1988@163.com
天猫1店： https://njcbcmjtts.tmall.com　**天猫2店：** https://nanjingchubanshets.tmall.com
联系电话： 025-83283893、83283864（营销）025-83112257（编务）

出 版 人： 项晓宁
出 品 人： 卢海鸣
责任编辑： 李雅凡
装帧设计： 苏　敏
责任印制： 杨福彬

策　　划： 日知图书（www.rzbook.com）
印　　刷： 文畅阁印刷有限公司
开　　本： 710毫米×1000毫米　1/16
印　　张： 14
字　　数： 140千字
版　　次： 2018年5月第1版
印　　次： 2021年5月第3次印刷
书　　号： ISBN 978-7-5533-2179-0
定　　价： 49.00元

营销分类：励志

前言

哈佛大学是世界各国学子心驰神往的学术圣殿。哈佛是一种象征——顶尖学府的象征,充满智慧的象征,勇于创新的象征,最具活力的象征……深夜2点，整座校园里仍然灯火通明，教室、图书馆和餐厅里，还有很多学生在埋头苦读。哈佛有100座图书馆，而餐厅、诊所，甚至卫生间，都是另外一种形式的“图书馆”。

成功与安逸往往很难兼得。哈佛学生的生活虽然苦，却能乐在其中，因为他们生命的潜能在这里被无限地激发出来。300年间，哈佛大学已经诞生了8位美国总统，40位诺贝尔奖得主和30位普利策奖得主。美国政坛的第2任总统约翰·亚当斯、连任4届的总统富兰克林·罗斯福和第44任总统贝拉克·奥巴马等，都曾在哈佛求学。哈佛大学还是亿万富翁的摇篮，到2010年为止，哈佛毕业的亿万富翁数量已经达到62位。

因为哈佛耀眼的光环、突出的学术贡献和先进的教育理念，每个学子都渴望接受它的熏陶，从它枝繁叶茂的精神之树中汲取养分。可是，真正能够走进哈佛读书的人毕竟是凤毛麟角。对大多数人来说，哈佛永远都是一个绮丽的梦、一个深奥的谜……但我们依然是幸运的，因为有这样一本传递哈佛精神的书——《哈佛家训》，让读到文章的人都能沐浴在哈佛的阳光里，并有望从中获取成功的金钥匙。

本书献给那些渴望成为社会精英的青少年和处于人生困境中的所有朋友。哈佛大学先进的教育理念和思想精华，带给你深入的心灵滋养，激发你无限的生命潜能，让你在人生道路上不断超越自我，成就辉煌的人生。

本书同样献给那些望子成龙的父母。传承百年的家庭教育经典，让所有的父母都能从中受到感动和启迪。与孩子一起学习，一起成长，潜移默化地帮助孩子形成社会精英所应具有的优秀品质和综合素养。

没有空洞的说教，没有深奥的道理。《哈佛家训》由一百余则生动有趣、寓意深刻的小故事组成，内容涉及梦想、创意、勇气、习惯、责任、专注、行动等方方面面。每则故事后均附有画龙点睛的“哲理人生”，带给广大读者深层次的思想启迪和心灵感悟。

C•O•N•T•E•N•T•S

目录

第四章 习惯凝聚力量

第五章 责任成就自我

第一章

人生因梦想而伟大

心有多大，舞台就有多大，而人生也会因梦想而伟大。梦想是一粒种子，用心浇灌，每一滴雨露都能让梦想绚烂如花，轻舞飞扬。手执梦想之灯，在漫漫人生旅程中，就无惧黑暗与崎岖。怀揣梦想，你就握住了成功的脉搏。

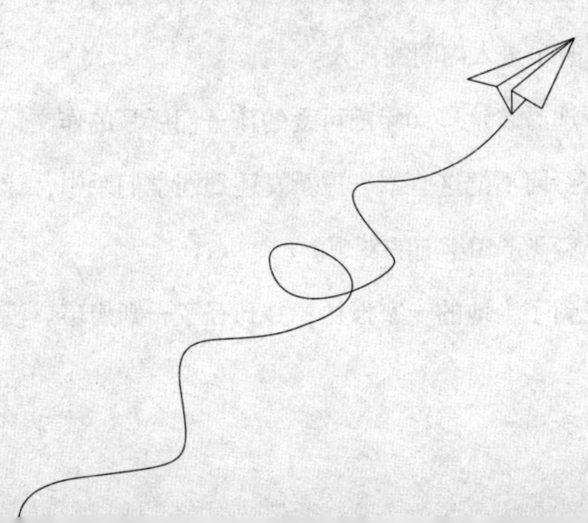

第 31 个梦想

英国教师布罗迪在整理阁楼里的旧物时，发现了一叠皮特金幼儿园B(2)班31个孩子的春季作文。他本以为这些东西在德军空袭伦敦时，早就和学校一起被炸飞了，没想到它们还安然地躺在自己家里，这让他既兴奋又欣慰。

他还清晰地记得作文的题目是：《未来我是×××》。50年过去了，这些孩子们实现他们的梦想了吗？令布罗迪印象最深刻的是一个叫戴维的小盲童的作文，他认为自己将来肯定是英国的一位内阁大臣，他将成为第一个进入内阁的盲人。

布罗迪看着这些50年前可爱的孩子们所写的作文，萌生了一个很奇特的想法：何不把这些本子重新发还到同学们手中，让他们看看现在的自己是否实现了50年前的梦想。

他找到了当地的一家报社，并刊登了一则启事。没过几天，书信纷纷扬扬向布罗迪飞来。写信的人中有商人，有学者，有政府官员，其中也不乏身份低微的人。这些人都表示很想拿回自己当初的那本作文本，很想知道自己儿时的梦想。一年过去了，布罗迪身边只剩下一个作文本没人索要。他想这个叫戴维的人也许已经去世了，毕竟50年是很长一段时间，这期间什么事都可能发生。就在布罗迪准备把这个本子捐赠给一家私人收藏馆时，他收到了内阁教育大臣布伦克特的信。

布伦克特在信中说，他就是当年那个叫戴维的孩子，感谢布罗迪还保存着他们儿时的梦想。信中的话让布罗迪感慨万千，布伦克特说："我已经不需要那个本子了，因为从50年前起我的梦想就一直驻扎在我的脑子里，我没有一天放弃过。50年过去了，我已经实现了那个梦想。只要不让年轻时的梦想随岁月飘逝，成功总有一天会出现在你的面前。"后来《太阳报》发表了布伦克特的这封信。作为英国第一位盲人大臣，他用自己的行动证明了一个真理：如果有谁能把3岁时当总统的梦想保持50年，那么他现在一定已经是总统了。

哲理人生

每个孩子都需要梦想。心有多大，梦有多大，成就就会有多大。一个看似不可能的梦想，坚持50年就会成为现实。梦想最后是否会变为现实，取决于你能否一路坚持下去。

为梦想打工

只受过短暂校园教育的齐瓦勃，15岁时为生活所迫，到一个山村做了马夫。然而，雄心未泯的他始终坚持寻找机会。

三年后，他终于得到了一次机会，虽然只是做一名建筑工人，他也十分高兴。这个工地是著名的钢铁大王卡内基属下的。齐瓦勃工作初始便下定了决心，一定要做同事中最优秀的人。他没有像其他工人那样抱怨工作辛苦、薪水太低。齐瓦勃一直默默地积累着工作经验，并且坚持自学建筑知识。

一天晚上，其他同事都在闲聊时，齐瓦勃和平时一样躲在角落里看书。正在此时，公司经理恰巧到工地检查工作。格格不入的齐瓦勃理所当然引起了经理的注意。经理看了看他手中的书，又看了看他记的笔记，一句话没说，离开了。第二天一早，他便被经理叫到办公室。经理问道："你为什么学那些东西？""我认为我们公司并不缺少打工者，缺少的是有技术和专业知识的人，您认为我说得对吗？”齐瓦勃认真地回答。经理点了点头，仔细打量着这个貌不惊人的年轻人。

齐瓦勃的努力终于迎来了收获，不久，他就接到技师任命书。之前还嘲笑他的同事，对他的升迁并没有感到不满，反而更加敬重这个人了。齐瓦勃说过：“我不光是在为老板打工，也不是单纯地为了赚钱，我是在为自己的梦想打工，为自己的远大前途打工。我们只能在业绩中提升自己。我要使自己工作所产生的价值，远远超过所得的薪水，只有这样我才能得到重用，才能得到机遇。”抱着这样的信念，他一步一步做到了总工程师。25岁那年，齐瓦勃又被任命为钢铁公司的总经理，承担起建设公司最大的布拉德钢铁厂的重任。凭借着非凡的努力，又经过两年时间，齐瓦勃成了钢铁厂的厂长，并逐渐成为卡内基钢铁公司的灵魂人物。几年之后，凭着骄人的业绩和出色的表现，他被卡内基任命为钢铁公司的董事长。

就在齐瓦勃担任董事长的第七年，当时控制着美国铁路命脉的大财阀摩根，提出与卡内基联合经营钢铁的想法。卡内基并没有理会。于是摩根放出风声，说要找当时居美国钢铁业第二位的贝斯列赫母钢铁公司联合。这下卡内基慌了，他知道如果贝斯列赫母与摩根联合，自己企业的发展将会面临巨大的威胁。于是卡内基找到了齐瓦勃，递给他一份清单说：“你去与摩根谈联合的事宜，就按上面的条件。”齐瓦勃对摩根和贝斯列赫母公司的情况了如指掌，他接过来看了看，微笑着对卡内基说：“你可能对这件事没有我调查得详细。如果按这些条件去谈，摩根肯定乐于接受，但您将损失一大笔钱。”卡内基发觉自己过高地估计了摩根。经过分析，他们重新制订了一套方案。卡内基全权委托齐瓦勃与摩根谈判。齐瓦勃不负众望，取得了对卡内基有绝对优势的联合条件。摩根觉得自己吃了亏，想方设法为自己找回一些面子。他对齐瓦勃说：“那好吧，那就请卡内基明天到我的办公室来签字吧。”齐瓦勃第二天一早就来到了摩根的办公室，并转达了卡内基的话：“从第51号街到华尔街的距离，与从华尔街到51号街的距离是一样的。”摩根无语，沉默了一会儿，道：“那我过去吧。”一向高傲的摩根，在全身心投入工作的齐瓦勃面前，也只好低头。

后来，齐瓦勃通过自己的努力终于建立了自己的伯利恒钢铁公司，并创下了非凡业绩，实现了从一个打工仔到商业巨头的飞跃。在谈到自己的经历时，齐瓦勃总是会说：“即使打工，也要为梦想打工！”

哲理人生

打工是一种工作方式，但是工作的目标不是为别人打工，而是要不断地提高自己，为实现自己的梦想不懈努力。只有甘愿为梦想打工，对梦想抱着虔诚的态度，勤思笃行的你才可能实现自我。

有梦想才有未来

中国第一部新生代农民工励志电影《梦想就在身边》，2010年5月份在石家庄举行了首映礼。这也标志着该片在全国100个城市“请农民工看电影公益巡回活动”正式启动。影片的主人公是来自燕赵大地的新生代农民工谭双剑，而主演也正是谭双剑本人。

1980年，谭双剑出生于河北一个贫困的农民家庭。他在家中排行老大，下边还有弟弟和妹妹。为了减轻父母的压力，让弟弟、妹妹安心上学，谭双剑初一没读完便含泪放下课本，毅然扛起了锄头。

为了能更好地供弟妹读书，16岁那年，谭双剑不顾家人劝阻，独自登上前往上海的火车。到了上海后，由于没钱租房子，谭双剑只好住在桥洞里，风餐露宿。为了找工作，他每天天不亮便从桥洞里“起床”。连续几天，都没有人录用他。有一天，谭双剑发现一家电子厂正在招聘，便一路小跑赶了过去。虽然只是一家小小的电子厂，但是应聘的人却排了一条长龙般的队伍。过了几小时才轮到他面试，“学历？”“初中上了一年。”对方不耐烦地白了他一眼：“上完初中再来吧，下一个！”

就这样连续过了好几天，谭双剑找了多家工厂面试，均因学历低被挡在了门外。什么工作不需要学历呢？谭双剑想。后来他发现在码头扛大包不需要学历，便欣然前往。一个大包近百斤，不到两天谭双剑的后颈便磨起了血泡，甩甩胳膊像脱臼了似的。就这样，年仅16岁的谭双剑扛了两个月的大包，领到两百多元工资，便辞工回到了老家。

两年后，谭双剑鼓足了勇气，决定再到外面闯一闯。这次他踏上北上的火车来到了北京。可是来到北京后还不如在上海时理想。他连续十多天没有找到一份活儿，身上只剩下五毛钱。谭双剑焦急万分，他决定用这仅有的五毛钱乘公交车前往郊区找活儿，再碰碰运气。忽然，透过公交车的窗子，他看到路边有几处建筑工地。谭双剑赶紧下车。幸运的是，包工头是他的老乡，于是破例留他在工地做了小工。

谭双剑非常珍惜这份工作，干活也特别卖力。一次在顶楼干活，谭双剑注意到几位电工正在安装避雷针，他暗自揣摩起来：这些电工的工作真轻松，如果我能学一点技术，至少比当小工卖大力有前途啊！

“对，我要当一名电工。”谭双剑开始有意识地留意起这门“有技术含量”的工作。从此，只要有电工干活，一有时间他就跑去看人家怎么操作，还顺便帮个小忙，一来二去成了朋友，不时得到一些指点。

春节的时候，许多工人都回老家过年去了，此时亟须电工。于是谭双剑主动请缨留下来。经过了春节的磨炼，谭双剑能独立操作了，工资也提高了好几倍。

但谭双剑并不满足，他买来电工进修专业教材和相关专业的书籍，边干边学。1999年，谭双剑考取了高级电工证书。同年冬天，他来到一家安装公司。不久，这家公司承接了国家气象局的一项弱电工程。当谭双剑听说另外一个小组安装的配电柜出了故障，便自告奋勇地站出来："让我试试吧。"经理有些迟疑："你行吗？"但一时又找不到其他合适的人选，就抱着试试看的态度让他去检查。

谭双剑连夜寻找故障所在……20小时后，故障终于排除，为公司挽回了数万元的损失！经理非常感动，发工资时多给了谭双剑2000元和一个呼机作为奖励，谭双剑却拒绝了，只收下自己的工资。经理满意地拍拍他的肩膀说："这个呼机你必须拿着，有事我呼你。"

半个多月后，呼机响了。"小谭，有个大活儿，交工时间很紧，你能凑点人吗？"谭双剑迅速凑齐一支队伍，每天一干就是十多个小时，最终如期完成了工程。

谭双剑一直坚持在业余时间学习。只要一有时间，他便拿出专业书本钻研。仅仅两年多时间，谭双剑便拿到了建筑行业中的项目经理证、工长证、工程师证等证书，技术也日渐精进。

后来，谭双剑自己当了包工头，专门承接电路电气工程。手下的员工越来越多，工程也越接越大，现代城、东方广场、励骏大酒店、友谊医院、商务部、外交部等，都留下了谭双剑的身影，他负责的许多工程都得了优质奖。

2005年，幸运之神再次降临。谭双剑在一轮轮竞标中过五关斩六将，终于承接了鸟巢1/3的防雷接地工程。谭双剑觉得能参加“鸟巢”的建设，是荣誉更是责任，一定要做到完美！他一心扑在施工现场，像特工一样“扫描”着现场的每一个细节。有时好几天忙得连洗头都顾不上，胡子也忘了刮。

2007年，谭双剑承揽的弱电工程顺利完工了，他的名字被刻在了纪念柱上，并于8月8日应邀到“鸟巢”现场参加了北京奥运会开幕式。

谈到自己的人生历程，谭双剑说：“我想告诉与自己一样的朋友，即便榜上无名，只要肯吃苦，善动脑，脚放正，就能走出一条星光大道！”

哲理人生

没有学历，没有良好的家庭背景，都没有关系，关键是要有梦想，因为有梦想才有机会。在成功面前人人平等，只要我们肯付出就会有收获。

周润发的明星梦

周润发刚出道时认识了狄龙，两个人非常要好。狄龙当时已经是一个非常出色的演员了，周润发表示要向狄龙多学习演技，一有时间便找他一起讨论剧本，钻研演技。

可是过了一段时间，狄龙发现自己的好兄弟好长时间没有来找他了，便去找周润发。找了几次，每次他都发现周润发似乎很忙，就问他："最近在忙什么呢，怎么没有找我？"周润发不好意思地抓抓头发，憨厚地笑着回答："还不是为了多赚点钱，不停地接戏。大哥，讨生活不容易啊！"狄龙笑着拍了拍他的肩膀，没再说什么。

过了一些日子，狄龙感觉周润发简直成了工作机器，一天到晚看不到人影，打电话也经常不接。他纳闷儿了：周润发天分非常高，也非常努力，可从他这段时间拍的作品来看，演技怎么没有一点进步呢？

一天，狄龙费了好大劲找到正在拍戏的周润发。

"大哥，很不好意思，我等一会儿还要去赶另一个剧组，咱们得长话短说了，我每天都起早贪黑，就是为了多拍几部片子，赚钱不容易呀！"周润发连忙向狄龙解释。"可是为什么这么长时间，你的演技都没有进步呢？"狄龙接着问。

狄龙默默地看着周润发，过了半天才突然问："还记得我们刚认识时，你说过你的梦想吗？"周润发愣了一下，仔细想了想，猛地一拍额头说："刚见面的时候，我说过想成为明星。"狄龙意味深长地看了他一眼，微笑着拍拍他的肩膀，转身走了。周润发望着狄龙的背影，默然无语，若有所思。

不久，周润发兴高采烈地来找狄龙。他告诉狄龙，自己已经推掉许多对磨炼演技没有帮助的剧本，减少了应酬的次数，有更多精力揣摩演技了。把主要精力放在磨炼演技上，再加上过人的天分，周润发的表演很快有了飞跃。在随后的电影《英雄本色》中，所有人都被那个英俊洒脱、重情重义的小马哥彻底征服！从此电影界的一代巨星诞生了。

哲理人生

梦想的路上并不全是柔缓的小溪，也不是平坦之途，越美的梦想之路越是布满荆棘。有些人绕道而行，有些人被藤条缠住不能向前，而有些人却能理清缠在脚上的藤索，勇往直前。

改变孩子一生的选择题

在美国新泽西州市郊有一座美丽的小镇。小镇上的学校里有一个非常特别的班级。之所以说这个班级特别，是因为26个孩子都有过一段不光彩的经历：有人吸过毒、有人进过管教所，家长对他们失望透顶，学校和老师也放弃了他们。

就在这26个孩子的前途一片黑暗的时候，一位叫菲拉的女教师接管了这个班级。她温柔、美丽、聪慧，就像上帝派来拯救这些孩子们的天使一样。新学年开始的第一天，菲拉并没有像其他老师那样，为了树立威信对这些孩子进行一顿训斥，而是给这个班的学生出了一道选择题。

有3个候选人，他们的特征如下：

A.笃信巫医，有两个情妇，有多年的吸烟史，而且嗜酒如命。

B.曾经两次被赶出办公室，每天要睡到中午才起床，每晚都要喝大约一升的白兰地，曾经有过吸食鸦片的经历。

C.曾是国家的战斗英雄，一直保持素食习惯，热爱艺术，偶尔喝点酒，年轻时从未做过违法的事。

菲拉一边指着黑板，一边问道："如果我告诉你们，在这三个人中，有一位后来成了众人敬仰的伟人，你们认为会是谁？"

孩子们都不假思索地选择了"C"，他们认为A和B将来的命运肯定是悲惨的，有可能成为道德沦丧的罪犯。而C呢，品德高尚，注定会成为社会的精英。

菲拉笑着说："'C'的名字大家很熟悉，他叫阿道夫·希特勒，一个夺去了几千万无辜生命的法西斯元首。"菲拉的话音刚落，孩子们的惊呼声就响起了。菲拉看着这些一脸惊讶表情的孩子们，语气更加坚定地说道："孩子们，你们的人生才刚刚开始，以前的错误和耻辱并不能代表未来，真正能代表一个人的是他现在和将来的所作所为。为自己的理想去努力奋斗，你们也会成为社会的精英！"

哲理人生

过去的已经过去，一味沉浸在过去的错误和失败里，只会给自己的心灵带来痛苦，在悔恨中蹉跎岁月。过去无法改变，但是未来是可以创造的；别人放弃自己不重要，重要的是自己要有正视现在、改变未来的信心。

积累自己的梦想

布鲁克居住在贫困的乡村，母亲很早就去世了，父亲又因工受了重伤。这一系列变故对原本就非常贫穷的家庭来说简直是雪上加霜。年幼的弟弟还不懂事，受伤的父亲失去了劳动能力，家庭的重担顿时压在了布鲁克一个人的肩头。布鲁克靠修鞋艰难地维持着这个家的生计。

有一天，一位顾客匆匆赶来，手里拿着一双鞋底磨坏了的皮鞋，让布鲁克帮他修理。

布鲁克检查了一下皮鞋，动作娴熟，很快便把鞋底缝补、敲钉完成。除此之外，他还将鞋擦得光亮如新。顾客看着鞋子，感动地说："这是我见过的修得最好的一双鞋，不但修补得很牢固，还把皮鞋擦得跟新的一样。小伙子，谢谢你了。"

旁边擦皮鞋的同行看到布鲁克的行为，窃窃私语："布鲁克真是服务过头了，这有什么好处呢？顾客只付修皮鞋的钱，又不给擦皮鞋的钱，这么笨，活该他落魄一辈子！”

布鲁克并不在意别人怎么说，仍一如既往地按自己的原则修鞋。

由于布鲁克非常好的服务态度和修鞋质量，很快就声名远播。有一家皮鞋工厂看好他，请他到皮鞋工厂工作，专门负责修补有瑕疵的皮鞋。多年以后，当年嘲笑他的人仍旧在街头修补皮鞋，而布鲁克已经是奥地利规模最大的皮鞋工厂的制造经理了。

成功者做事往往大方细心，踏实勤勉，勇于付出。只有不计较眼前的小利，不断地累积自己的经验，才能一步步实现自己的梦想。

当有人问到布鲁克成功的秘诀时，他回答：“希望命运给予机会，别人给予机会，这之前，是不是应该先用自己的付出给别人机会，接着，慢慢累积自己的梦想？”

哲理人生

梦想是一个积累的过程，它不是一蹴而就的想象，更不是空中楼阁式的幻想。梦想要在脚踏实地的坚持中，在汗水的浇灌下，才会绽放出美丽的花朵。

飞翔的石头

有一块石头在深山里静静地躺了很久很久。它一直有一个梦想：有一天能像鸟儿一样在天空中自由地飞翔。它把自己的梦想告诉同伴，却招来同伴们的嘲笑：“瞧瞧，简直是痴心妄想。”“真是异想天开！”……这块石头不理会同伴们的闲言碎语，仍在寻找机会，实现自己的梦想。有一天，一个智者途经此处，石头决定抓住机会让智者帮它实现梦想。于是它想尽了各种办法，最后终于得到了与智者说话的机会。但是智者听完石头的梦想后，严肃地说：“我可以帮你实现梦想，但是有一个前提，就是你必须先长成一座大山，可是这要吃不少苦的。”石头坚定地说：“为了实现梦想，受再多苦我也不怕。”智者被石头的话深深打动了。

此后，石头每天都在拼命地吸取天地灵气，承接雨露惠泽，经过无数次风霜雨雪的洗礼，终于长成了一座大山。于是，智者招来大鹏。大鹏用它那强壮的翅膀撞击大山，一瞬间地动山摇。一声巨响后，山炸开了，无数块碎石头飞向天空。就在飞起的那一瞬间，石头开心地笑了。不久之后，石头从空中摔了下来，又变成了最初的模样，落在了原来的地方。智者问它：“你后悔吗？”“不，我不后悔，经历了成长的磨砺，我成为过大山，而且还体会到了飞翔的快乐！”石头快乐地告诉智者。

人的一生就像这块石头一样，开始和结局都是一样的，但过程却是精彩的。一个人定的目标越高，付出的辛劳和汗水也必定越多，即使全力打拼仍不能实现，至少也比其他人走得远。林肯总结自己一生的经历时这样说过：自然界里喷泉的高度不会超过它的源头，一个人最终能取得的成就不会超过他的梦想。

哲理人生

实现梦想是一个充满艰辛的过程，无论是否达到了梦想的高度，实现梦想的过程都是珍贵的宝藏。要勇于去实现自己的梦想，才能收获更多的财富。

垫脚的奶酪

蓝天白云下，奶牛在河边吃草，牧人在挤奶，三只青蛙快活地在河边嬉戏，一不小心掉进了鲜奶桶中。第一只青蛙说："我真倒霉，好端端地掉进牛奶里，难怪早上一起来眼皮就跳个不停。"然后它就盘起后腿，一动不动等待着死亡的降临，不一会儿就被牛奶淹死了。

第二只青蛙说："桶太深了，凭我的跳跃能力是不可能跳出去了。今天死定了。"它试着挣扎了几下，感觉一切都是徒劳的，于是，在绝望之中沉入桶底淹死了。

第三只青蛙环顾四周，说："真是不幸！可是我的后腿还有力气，如果我能找到垫脚的东西，就可以跳出这个讨厌的桶！"

但是，桶里只有滑滑的牛奶，根本没有可垫脚的东西。青蛙虽然拼命地挣扎，但是一脚踏空，便又落入黏糊糊的牛奶中。它也曾经想过放弃，像它的同伴一样安静地躺在桶底，但是，求生的欲望支撑着它一次又一次跳跃着……慢慢地，它感觉到下面的牛奶硬了起来——原来在它拼命地搅拌下，鲜奶变成了奶酪。在奶酪的支撑下，这只青蛙奋力一跃，终于跳出了奶桶。

“要找到垫脚的东西，跳出这可怕的桶”，正是这种信念救了第三只青蛙的命。而前两只青蛙一只坐以待毙，一只试了几下没有成功就放弃了。第三只青蛙没有放弃信念，持之以恒，不但逃出了死亡的边缘，还创造了奇迹，制造出了奶酪。

哲理人生

无论干什么都要有这种持之以恒的精神，认准的信念，就要坚持，不懈努力，这样才有希望。既然还有一口气就要奋斗，奋斗才有机会拯救自己，才有机会成功。

梦想的价值

亨利的梦想是成为一名优秀的运动员。他在16岁的时候，已经很精通棒球了，而且他抛出的球可以准确地击中橄榄球场上移动着的任何东西上。他的高中体育教练对亨利的运动天赋很赏识，因此很重视亨利的训练，同时也教导亨利，拥有梦想和足够的自信，会使自己的生活变得多姿多彩。

那年夏天的暑假期间，亨利在一个朋友的推荐下打了一份工，这意味着他将不再囊中羞涩。有了钱，他可以拥有一辆新自行车和一套新衣服，也意味着可以慢慢地实现为母亲买房子的心愿。这份工作使得他欢呼雀跃。但是，如果去工作赚钱，就必须放弃棒球训练。亨利管不了那么多了，即使明知道教练会不高兴，也要去赚钱。果然，当他把这件事告诉贾维斯教练的时候，教练大发雷霆。

“你还有一辈子的时间可以去工作。但是，你练球的日子是有限的，你根本浪费不起！”教练严厉地训斥亨利。

亨利手足无措地站在那里，对教练描述了那个为妈妈买一栋房子和口袋里不再羞涩的梦想，以及为了这个梦想的实现，他要付出的努力。

“孩子，你做这份工作能挣多少钱？”教练问道。

“每小时3.25美元。”亨利兴奋地说。教练看着亨利继续问道：“你认为，一个梦想就值1小时3.25美元吗？”这句话犹如当头棒喝，亨利瞪大了双眼看着教练，恍然大悟。

那个夏天，亨利全身心地投入到体育运动中去。也正是那一年，他被选入匹兹堡派尔若特棒球队，并与他们签订了一份2万美元的合约。不久，他在亚利桑那州的州立大学获得了橄榄球奖学金，那使他获得了受高等教育的机会。在美国国家橄榄球联盟队员的挑选赛中，他排在了第七位。

1984年，亨利与丹佛野马队签订了170万美元的合约。亨利在实现了当运动员梦想的同时，也实现了为母亲买一栋房子的心愿。

哲理人生

眼前的小利是种诱惑，为了它停止迈向美好未来的脚步，这其中的损失要如何衡量？梦想的价值只是那3.25美元吗？不要错估了梦想而停止了前进的脚步，只有坚持走下去，才能在未来获得更大的收获，从而实现自己的梦想。

把梦想种在脑海里

杰西·欧文斯曾被称为“跑得最快的人”，他是现代奥运史上最伟大的运动员之一，被誉为“20世纪最佳田径运动员”，他强壮的体魄和突出的成就让人们羡慕不已。

但是，很多人却不知道，杰西·欧文斯小时候，身体并不强壮，甚至有点孱弱，支气管炎和肺炎等各种疾病像梦魇一样追随着他。

一天，一位著名运动员到杰西所在的学校给孩子们演讲，他是查理·帕多克，曾经被体育记者称为“活着的跑得最快的人”。在孩子们期待的眼神中，他开始了精彩的演讲。

最后，帕多克真诚地对孩子们说：“你们将来想要做什么？说出来，相信上帝会帮助你们实现。”

小杰西眨着大眼睛看着帕多克，心想：我将来就要做查理·帕多克这样的人。

演讲结束后，杰西跑到运动教练那儿说："教练，我有一个梦想！"

教练看着这个瘦得肋骨分明的孩子，问道："你的梦想是什么，孩子？"

"我要成为跑得最快的人，就像帕多克先生一样。"杰西坚定而激动地说。

教练语重心长地说："杰西，有一个梦想很好，但实现梦想要有阶梯。第一级是决心，第二级是投入，第三级是自律，第四级是心态。"

杰西·欧文斯暗下决心：不管面对多么大的挑战，决不放弃。随后，他投入到艰苦的训练中，并且一刻也没有放松过自己。挫折、失败只能进一步激励他的斗志。

1936年，柏林奥运会100米短跑赛场上，杰西·欧文斯在所有目光的注视下，与他前面的运动员擦肩而过。最让人窒息的一刻到来了，100米短跑冠军诞生了，杰西·欧文斯成了"跑得最快的人"。在本届奥运会上，他一共获得了100米跑、200米跑、跳远和4×100米接力赛的4枚金牌。

哲理人生

梦想可不是只在嘴上说说那么轻巧，它应该像一个警钟时刻鸣响在心头，无论吃饭、睡觉还是工作，都不能有一刻遗忘、一刻松懈。

赖斯的成功秘诀

美国女国务卿赖斯小的时候，美国的种族歧视还特别严重。当时，黑人处处受到歧视。一次，父母带着10岁的小赖斯路过白宫。赖斯很想进去看看，但就因为他们的黑色皮肤，被门卫挡在了白宫门外，不能进去参观。

小赖斯凝神远望着白宫，感到受了莫大的羞辱。突然，她转回身一字一顿地对父亲说：“总有一天，我会成为那栋房子的主人！”父亲很高兴小小的赖斯有这么高远的志向，他告诉小赖斯：“改善这种状况，最好的办法就是取得非凡的成就。如果你拿出双倍的劲头往前冲，或许能赶上白人的一半；如果你愿意付出四倍的辛劳，就可以跟白人并驾齐驱；如果你能够付出八倍的辛劳，就一定能赶到白人前头！”

赖斯牢牢地记住了这句话，为了能“赶在白人的前头”，她废寝忘食，数十年如一日勤奋学习，积累知识，增长才干。一般美国白人只会讲英语，她除母语外还精通俄语、法语和西班牙语。为了能超过白人，不像一般白人那样在普通大学学习，她考进名校丹佛大学。普通美国白人26岁可能还在读研究生，而她这个年龄时已经是斯坦福大学最年轻的女教授，随后又成为这所大学最年轻的教务长。此外，为了能超过白人，她还用心学习了钢琴、网球、花样滑冰、芭蕾舞和社交礼仪等。白人能做到的她都要做到，并且还要做得更好。最重要的是，普通美国白人可能只知道俄罗斯是一个非常寒冷的军事大国，赖斯却对俄罗斯的武器了解得一清二楚，她是美国数一数二的俄罗斯武器控制问题的专家。

有志者事竟成，付出“八倍的辛劳”，终于获得了“八倍的成就”。赖斯脱颖而出，成了美国首位黑人女国务卿，实现了她儿时的梦想。

哲理人生

人人都渴望建功立业，也希望参与公平竞争，但事实上，世界上真正的公平竞争很少，总有这样或那样的非公平因素掺杂其中。那么，要想在竞争中获胜，就只有笨鸟先飞，锲而不舍，比别人花费更多的时间和精力。像赖斯那样，付出超越常人“八倍的辛劳”，以无可非议的优势来取胜。有耕耘就有收获，一个急切渴望成功却又总与成功无缘的人，无须怨天尤人，不妨先问问自己：你是否付出了超越常人“八倍的辛劳”？

别折断梦想的翅膀

小学作文课上，老师给学生们布置了一篇作文，题目是：《我的理想》。看到这个题目，杰瑞胸有成竹地奋笔疾书，写下了自己的梦想。“我希望将来可以拥有一片辽阔的土地，在上面建起一座自己的庄园。庄园里植满郁郁葱葱的林木，还建有许多美丽的小木屋……大家可以在里面尽情地休息娱乐。”

写完后，杰瑞将作文本交了上去，满心欢喜地等着老师的表扬。然而，老师不但没有表扬他，反而在他的作文本上画了一个大大的红叉，并且要求他重写。

杰瑞拿着作文本反复摩挲着，仿佛被世界抛弃了一样。他依然觉得自己的梦想很美，然而老师的红叉却让他沮丧极了。最后，他鼓起勇气，决定拿着作文本去找老师。

老师告诉他：“你这是梦呓般的空想，有什么意义呢？我要求的是写下自己的理想，要实际的、可以实现的理想，而不是虚无的幻想，你明白吗？”“这就是我的理想啊！”他觉得自己并没有违反老师的要求，于是据理力争。

“如果不重写，这篇作文就不及格了，你要想清楚。”老师有些生气，摇着头说。杰瑞也跟着摇头，说什么也不肯重写，然后拿着作文本低着头走开了，一路上仿佛一直在思索着什么重要的事情。

30年之后的一个夏天，一位退休老师带着家人到一个庄园度假。这是一个梦境般的地方，绿草如茵，鸟语花香，舒适的温泉、豪华的客房，还有香气四溢的烤肉……一切都让人沉醉。这时，一位俊朗的中年男人走了过来，自称是这位老师的学生。他正是当年那个作文不及格的小学生。如今，他实现了自己的梦想，拥有了这片美丽的度假庄园。

老师望着这位庄园的主人，不禁感慨万千。想到自己三十余年的教师生涯，他感叹道：“因为我自己的想法，不知道用成绩改掉了多少学生的梦想。而你，是唯一没有被分数改变梦想的学生。”

哲理人生

鸟因为拥有翅膀才能翱翔于天空，而对人来说，梦想就是放飞自己的翅膀。鸟儿要穿越风雨和山川才能到达蔚蓝的天空，体会那份广阔；人要勇敢地直视前方，不去理会路人的嘲笑与阻挡，永不退缩才能乘着梦想的翅膀到达“梦的庄园”。

第二章

换种思维，创意无限

上帝关上门的同时，也会打开一扇窗，关键是你要换一种思维去看世界。创意的价值所在，其实也是智慧价值的体现。创意所能拥有、能创造的价值是无限的。从不同的角度思考问题，以创新的思维看待问题，创造性地解决问题，你就是奇迹的创造者。

弯路有时是直路

古希腊伟大的哲学家苏格拉底一直很看好柏拉图，想让柏拉图跟随他学习。但是柏拉图一开始对苏格拉底并不信服。

一天，苏格拉底带着柏拉图去探访一位远方的朋友。走到一条乡村小路时，他们看见很多马车载着货物向前行驶。柏拉图对苏格拉底一直很不服气，于是他思索片刻，便对苏格拉底说道："我们比一下如何？""好的。"苏格拉底知道柏拉图心中的想法，就笑着爽快地答应了。

"那我们穿过前面的城镇后会合，比一比谁快，先到者为胜。"说着，柏拉图就急不可耐地向前奔去。

柏拉图身材魁梧并且喜爱运动，走路如风一样轻快。谁知路越往前越难走。有几次，柏拉图都撞到了马车上，所以他不得不放慢速度小心前行。柏拉图费了九牛二虎之力来到了城镇，看着街道两边的货物和拥挤的人群，心里暗暗着急，只能艰难地前行。当柏拉图最终穿越城镇，到达会合地点时，一下子愣住了，原来苏格拉底已经气定神闲地站在会合地点了。

柏拉图一边喘着粗气一边擦着汗，疑惑不解地问："您怎么这么快就到了？"

苏格拉底指指另一条路，又指了指自己的脑袋说："很简单，当我看到路上有很多载着货物的马车时，就料定前方肯定有集市。所以我并没有像你一样急于往前走，而是从岔路上绕了过来，这样减少了拥挤，比你走得快，自然就先到了。"

柏拉图听了苏格拉底的话，惭愧地低下了头，心里对苏格拉底甚是佩服，恭恭敬敬地叫了声："老师！"

经过这件事情，柏拉图虚心学习，最终成了古希腊最伟大的哲学家和思想家之一。

哲理人生

三思而后行。当我们陷入某个思维僵局或者困境中，不妨换种思维方式，让大脑拐一个弯，"以曲代直"可能会进入意想不到的胜境。条条大路通罗马，但总有一条最适合的路。

书中自有黄金屋

英国人迪特·威廉姆斯创作了一本名为《化装舞会》的儿童文学读物。为了吸引读者，进而增加书的销量，他故意在书中设置了一些谜语，让读者根据书中的文字提示和图画猜测一件“宝物”的埋藏地点。威廉姆斯还公开宣告，这件“宝物”是一只巧夺天工、价值不菲的纯金野兔。

不出所料，《化装舞会》一上架就迅速刮起了一阵寻宝的热潮，数以万计的青少年甚至众多的成年人都对这本书产生了浓厚的兴趣。

最后，一位白发苍苍的工程师在伦敦西北部的浅德福希尔村找到了这只纯金野兔，一场声势浩大的寻宝活动就此宣告完美落幕。也正是因为宝物和这种独特的寻宝方式的吸引，《化装舞会》的销量突破了300万册，创下了当时非主流读物的最高销售纪录。

4年之后，威廉姆斯夜以继日地精心策划了一本只有30页的小薄册子，其中描述的是一位养蜂人与四季变化的故事，还附有16幅彩色插图。这本书还有一个奇特之处——这是一本没有名字的书。此书出版发行后，威廉姆斯声称，深奥的谜语就隐藏在书的字里行间和彩色插图中，而谜底则是这本书的名字。这部独特的作品在7个国家同时发行。威廉姆斯对公众承诺：只要有人猜中了书名，都可以得到一件镶着各色珍贵宝石的金蜂王饰物。

届时，他将从一个密封的匣子中取出那唯一一本印有名字的书，而匣子中还藏着那件众多读者梦寐以求的金蜂王饰物。这是一种多么浪漫的作者与读者之间的沟通方式啊！

结果，不到一年的时间，这本小册子在全球的发行总量就超过了2000万册。最终是谁得到了奖品已经不重要，重要的是威廉姆斯本人再次成为这个游戏的最大赢家。他正是通过这种极具诱惑力与新奇感的创意而扬名于世，并让自己一跃成了大富豪。

哲理人生

好的创意总是会有出人意料的效果。创意的价值所在，其实也是智慧价值的体现。聪明的人未必有创意，但有创意的人一定是聪明的。创意所拥有、所能制造出的价值是无限的，一个好的创意，往往能使我们在通往成功的路上开辟出一条捷径。

安德鲁智斗小偷

安德鲁走在伦敦的一条街道上，时值深夜，街上没有一个人。清冷的月光把街道装饰得更加阴冷，因此安德鲁的步伐变得十分急促。突然，小巷中黑影一闪，一个穿着黑色衣服的高个男子挡住了他的去路，口中低声喝道："站住，不要乱动！"

安德鲁看着劫匪手中握着的左轮手枪，慢慢地举起双手，任由劫匪将他的皮夹、手机和手表搜去。就在劫匪兴高采烈地准备离开时，安德鲁突然叫住了劫匪。

安德鲁说："先生，在你离开之前，我想请你帮个忙。你抢走我的物品没有关系。可是，我家里有一个极其凶悍的老婆，我回到家里，她一定不肯相信我被抢了，会认为我是因为赌博把钱输光了。"劫匪疑惑地看着他，没好气地说："那关我什么事？"

安德鲁恭敬地说道："麻烦你用手枪在我的帽子上射一个洞，这样我回去也好解释得清楚一些，免得再受皮肉之苦。”

安德鲁可怜兮兮地看着劫匪，最后劫匪终于勉为其难地在他的帽子上开了一枪。随后，安德鲁又说为了逼真，让劫匪在他的外套、裤管、靴子、手套甚至手帕上，都留下了弹孔。劫匪很不耐烦，但是还是照做了。

身材瘦小的劫匪完成任务后，刚要转身离去，安德鲁却拦住了他，然后逼近劫匪，用比劫匪还要嚣张的语气说：“把我的皮夹、手机和手表统统还给我吧！”话音刚落，劫匪就举起枪对准了安德鲁。

这时安德鲁大笑了三声，然后镇定地说：“你的六颗子弹全部打完了。”于是，安德鲁扑了上去，把皮夹、手机和手表夺了回来。

哲理人生

人总有面对困境的时候。遇事冷静沉着，不慌乱，让自己的头脑转动起来，找到问题的根源所在，然后再解决问题。斗智斗勇者才是真正的勇者，而不是徒有力气的莽夫和任人宰割的羔羊。

把梳子卖给和尚

一家公司招聘员工，然而令人惊讶的是这家公司所出的试题：把梳子卖给和尚。

这个不可思议的题目自然引起了众多应聘者的不解：这不是消遣人吗？于是众多应聘者纷纷放弃了这次面试，只有三个人留了下来，他们表示，一定会把梳子卖给和尚。

于是他们立刻开始实施自己的计划。约定在10天之后，三个人前来汇报结果。

第一个人卖了1把梳子。他叙述自己的经历说，他在寺庙里转了很久，偶然看到一个和尚一边靠在墙角晒太阳，一边挠着头皮。他灵机一动，上前对那个和尚说梳子可以有效止痒，于是那个和尚就买了一把。

第二个人卖了10把梳子。他说他发现寺庙建在山上，山风很大，香客们上山拜佛，头发免不了被风吹乱，于是，他找到方丈，说香客蓬头垢面地上香是对佛祖不敬，应该用梳子梳理一下。方丈觉得他说的话很有道理，于是就买了10把梳子。

第三个人的结果让面试官大吃一惊，他居然卖了1000把梳子。他的经历引起了面试官的兴趣。他说，到寺庙后，他发现那里香火鼎盛，香客终日不绝，于是，他就找到方丈说："凡来进香朝拜者，都是抱着一颗虔诚的心，宝刹应有所回赠，可以以此作为纪念，保佑其平安吉祥。我手里有一批木梳，您的书法超群，将这些木梳刻上'积善梳'三个字，便可作为赠品。"

方丈觉得这是个非常好的创意，立即买下了1000把木梳，并请他在寺庙里小住了几天，共同出席了首次赠送"积善梳"的仪式。香客们得到"积善梳"后很高兴，一传十，十传百，寺庙的香火便更加旺盛。这个人最后还说，方丈希望他再提供一些不同档次的木梳，以便根据香客的不同身份赠送不同档次的木梳。

哲理人生

梳子的用途并不只是梳头一种，从不同的角度思考问题，以创新的思维看待问题，有创造性地解决问题，那么你就是奇迹的制造者，把梳子卖给和尚也并非痴人说梦。

一磅铜的价格

1946年，一对犹太父子来到了美国，在休斯敦靠着仅存的积蓄做起了铜器生意。一天，父亲问儿子，一磅铜的价格是多少？儿子认真地回答说是45美分。父亲却严肃地说："整个得克萨斯州的人都知道每磅铜的价格是45美分，但是作为犹太人，你应该把它看作45美元。你试着把一磅铜做成门把手看看。"儿子听了父亲的话后恍然大悟。

后来，这个犹太年轻人继承了铜器店。他用铜做过很多东西：赤铜鼓、瑞士钟表上的簧片、奥运会的奖牌，等等。他甚至曾经把一磅铜卖到3500美元。事实上，真正让他声名鹊起的是一堆人人避之唯恐不及的破铜烂铁。

当时，美国政府给自由女神像翻新，为了清理被换掉的废料，公开向社会招标。但几个月过去了，仍旧没人应标。当时正在法国旅行的犹太年轻人得知这一消息后，立即飞往纽约。看过自由女神像下堆积如山的铜块、螺丝和木料后，他几乎没有提任何条件就在投标书上签了字。纽约的许多运输公司对他这一愚蠢举动暗自发笑。

因为纽约对垃圾的处理有着很严格的规定，一个指标不合格，就有可能被环保组织起诉。就在一些人等着要看这个年轻人笑话的时候，他已经开始组织工人对这些废料进行分类处理了。

他让工人把废铜熔化铸成小自由女神像，把水泥块加工成底座，把废铅、废铝做成纽约广场样子的钥匙扣。仅用了三个月的时间，他让这堆废料变成了450万美元现金，每磅铜的价格翻了上万倍。

哲理人生

万事万物都有它的价值，而价值的高低，决定于对它的挖掘与利用，深度挖掘和创造性利用能让“资源”价值最大化。学会用创意的眼光来看待身边的事物，一加一很多时候也可以大于二。

烧掉100万

1840年，在英国诞生了世界上最早的邮票——“黑便士”。邮票原定是在1840年5月6日这一天在全国统一启用。但由于组织工作的疏忽，有的城市竟然在5月2日提前发售了。提前发售的邮票本来就为数不多，能够流传后世的就更加稀少了，据说全世界只发现了两枚，被收藏者视为珍宝。

斗转星移，一百多年过去了，这两枚“黑便士”终于重现江湖，美国的一家拍卖行宣布要公开拍卖它们。

拍卖当天，拍卖大厅内人满为患，买家个个摩拳擦掌，都想将这两枚邮票收入囊中。拍卖师大声宣布：“底价10万，现在开始竞拍。”话音刚落，竞价声此起彼伏，邮票价格一路攀升，一直升到50万。

“50万一次，50万两次，50万……”话音未落，角落里就传来了一个低沉却震人心魄的声音：“200万！”一时间，喧嚣的大厅鸦雀无声，大家纷纷把目光投向那个神秘人物，那只是一个毫不起眼的年轻人。

接着，拍卖师毫无悬念地连喊三声“200万”。最后一锤定音。在众人的惊叹声中，年轻人接过这两枚邮票后，做了一件令人目瞪口呆的事——他掏出打火机，没有半点犹豫地将其中一枚邮票烧掉了。

顷刻间，全场一片哗然，有人大叫：“这个疯子，他烧掉了100万。”年轻人的表情仍旧很淡定，他大步登上前台，举起手中剩下的那枚邮票，大声喊道：“在座的各位都是见证人，从今天开始，全世界5月2日版的‘黑便士’只有这一枚了，可谓举世无双。所以我宣布，它的价格为400万美元，欲购从速。”

没过多久，这枚“黑便士”便以500万美元的价格被一位富商买走了。

哲理人生

人们总是说，一加一大于二是一种智慧，但很多人却不知道，二减一大于二是一种更高的智慧。

了不起的想法

奥斯本是一个很有智慧的人，他的脑袋里总会迸发出千奇百怪的极富创造力的想法，他每天都在发挥自己的特长，解决各种各样的问题。

1938年，25岁的奥斯本毅然辞掉了维持生活的工作，原因是他想成为一名记者。虽然他只有高中文化，而且根本没有受过这方面的教育，但是奥斯本还是决定去试一试。于是，他去了一家报社面试。

报社主编问他："你在办报方面有什么经验？"

奥斯本没有虚构自己的情况，而是实事求是地说明了自己的情况，简单地做了自我介绍后附上了自己的习作。

主编读完他的文章后，对奥斯本说："年轻人，你的文章不怎么样，还出现了不少语法、逻辑和修辞上的毛病……"

奥斯本听到这里以为自己没有希望了，心情一下子就沉到了谷底，但是他还是很有礼貌地认真听了下去。

“但是，”主编说出了关键的两个字，奥斯本的心一下子提到了嗓子眼儿，主编接着说，“有独特的东西，是的，有独特的见解。这是非常可贵的，这个独特的东西就是创造，仅凭这一点，我愿意给你三个月的试用机会。”

奥斯本激动地站了起来。主编握住奥斯本的手，语重心长地说：“好好干吧！”

狂喜的奥斯本反复领悟主编的话，才知道原来创造力是那么重要。他又反复读了自己的文章，从头到尾深刻地剖析自己：知识不够，却充满神思遐想，这也许就是所谓的创造力吧？

他隐约地领悟到一个重要的道理：人的价值在于创造。他决心要做一个有价值的人，有创造力的人。他默默地给自己定了一个规矩：自到报社上班第一天起，每天提一条创造性的建议。

上班前整整一个星期，他都在研究主编给他的一大沓报纸，还买了其他的报刊进行比较，于是，诸多构想在他的脑子里萌发了。

上班的第一天，他就迫不及待地冲进主编办公室，急匆匆地大声说：“主编先生，我有一个想法。”

主编瞪大眼睛看着面前一脸自信的奥斯本，听他一口气说完“想法”后，不禁愣住了。

原来，奥斯本想出了这样一个主意：“广告是报纸的生命线，我们无法与各大报纸竞争大广告；而小工厂、小商店虽然做不起大广告，但又急于想把自己的商品告诉更多的人，我们何不创造‘条头’广告（即现在报刊上广泛采用的一条一条的分类广告），收费低廉以满足这一层次工商业者的需要。”

当主编弄清楚奥斯本的“想法”后，高兴地称赞说：“好啊！好啊！真是一个了不起的想法！”

奥斯本坚持发挥自己“创造性思维”的长处，坚持每天提一条创造性的建议。仅仅两年时间，就使这个小报社成长了起来，后来更成为一家实力雄厚的报业——托拉斯。他本人也由于获得很多专利，成了拥有巨资股份的副董事长。

就在大家都为他的成绩喝彩的时候，他却做出了一个令人费解的决定：辞职。原来他根据自己多年创造所获的心得，又研究了许多发明家的创造思路，觉得这是门高深的学问，决意辞去职务，潜心探索。

1941年，奥斯本完成并出版了《思维的方法》一书，第一次面对世界阐述了创造发明的思路与方法，从此诞生了一门新的学科——创造学。

哲理人生

创造性思维是世界公认的瑰宝，拥有它的人能够创造出无限的奇迹与价值。真正具有创造性的想法本身也是一笔宝贵的财富。坚持不断地创造，成就的不仅仅是自己，还有世界。

这样做就对了

有一个富翁自认为非常有善心，所以在盖房子的时候，故意让建筑师特别设计了非常宽大的房檐。他想：我这样做，就能为那些无家可归的穷人提供一个遮风挡雨的临时庇护所了。

想法很不错，实际效果也甚佳。房子建好以后，一到雨雪天气，就有很多穷人到他的屋檐下躲避风雨。但是由于人很多，所以非常嘈杂，搞得富翁一家苦不堪言，正常生活受到了干扰。甚至，他的家人还曾经和在屋檐下躲避风雨的穷人们多次发生口舌之争，彼此闹得很不愉快。还有一个老人，由于没有地方住，一直待在富翁的屋檐底下，有一天晚上竟然被冻死了。为此，大家纷纷将矛头指向了富翁，还骂他为富不仁。

再后来有一次刮台风，让富翁更是尝到了这样做的苦果。由于风力很大，一般的房子都没什么事，富翁的大屋檐却被掀了顶。

一心做善事却连连搞得自己很困窘的富翁吸取了教训，他把自己锁在屋里详细地分析原因。后来，等他重新修葺房屋的时候，让建筑师将房子的屋檐缩小了，然后用省下来的钱在附近盖了一间小房子。

这间小房子虽然很小很简陋，却为许多贫苦和无家可归的人提供了一个暂时的庇护场所，而富翁一家的生活从此也不受干扰，堪称两全其美。

哲理人生

同样是做善事，不同的方式造成的结果也不一样。如果富翁一味地保持原来的思路行善，那么不仅让穷苦人得不到真正的实惠，自己也会陷入两难的境地。换种思维方式，问题就迎刃而解了。

其实你很富有

有一位青年，无论怎么努力都改变不了穷困的现状，所以老是埋怨时运不济，愤恨上帝的不公平。有一天，一个须发皆白的老人看见年轻人愁眉不展的样子，关切地问道："年轻人，你为什么看起来这么不快乐？"

"我不明白，为什么我那么努力，依然这么穷。"年轻人皱着眉头说。

"穷？你很富有嘛！"老人由衷地说。

"这从何说起？"年轻人很纳闷儿，好奇地问。

于是老人反问道："假如现在砍掉你一个手指头，给你1000元，你干不干？"

"不干。"年轻人回答得很干脆。

"假如斩掉你一只手，给你1万元，你干不干？"老人接着问。

"不干。"年轻人几乎是不假思索地说了出来。

"假如让你马上变成80岁的老人，给你100万元，你干不干？"老人很严肃地说。

“不干。”年轻人回答，他抬起头看着老人，若有所思。

“假如要你的性命，给你1000万元，你干不干？”老人问了最后一个问题。

“不干。”年轻人温和地看着老人说。

“这就对了，你已经拥有超过1000万元的财富，为什么还哀叹自己很贫穷呢？”老人听了青年的答案之后，笑吟吟地问道。

青年恍然大悟。然后，他想到这世上还有很多身体残缺、家庭穷困的人，还有那些在病床与病魔、死神做斗争的人。和他们相比，自己是多么幸福啊。明白了这个道理后，年轻人不再愁眉不展，而是开始以积极的心态面对生活。此后，他经过不懈努力，很快就摆脱了贫困的处境，过上了殷实的生活。

哲理人生

有句俗话说得对：“当局者迷，旁观者清。”身处困扰中的我们常常喜欢从自己的角度来看待问题，于是，很多真正客观的因素被忽视掉了。但是，当一个人转换了方式，从另外一个角度看问题并解决问题的时候，离成功也就越来越近了。

一支铅笔有无数种用途

纽约市里士满郡有一所穷人学校，是贝纳特牧师在经济大萧条时期创办的。1983年，一位名叫普热罗夫的捷克籍法学博士在写毕业论文时发现，在过去的50年里，从这所学校走出来的学生在纽约警察局的犯罪记录最少。

普热罗夫凭带着疑问展开了周密的调查活动。从7岁的学童到80岁的老人，无论是曾经在该校学习还是工作过的人，普热罗夫都会给他们寄去一份调查表："圣·贝纳特学院教会了你什么？"

在将近6年的时间里，他一共收到3756份答卷。在这些答卷中，有74%的人给了同一个答案，他们在学校知道了一支铅笔有多少种用途。

普热罗夫首先采访了曾在这所学校学习的一个皮货商店的老板，他现在经营着纽约市最大的一家皮货店。老板说："贝纳特牧师教给了我们一支铅笔有多少种用途。这是我们入学的第一篇作文的题目。以前，我只知道铅笔只有一种用途，那就是写字。自从那以后才知道铅笔不仅能用来写字，必要时还能用来做尺子画线；铅笔芯磨成粉后可以做润滑粉；演出时可以用来化妆；削下的木屑可以做成装饰画……总之，一支铅笔有无数种用途。贝纳特牧师让我们这些穷人家的孩子明白了，铅笔尚且有如此多的用途，何况我们这些有眼睛、鼻子、耳朵、手脚和大脑的人呢？你看，现在我是一个成功的皮货商。”

普热罗夫接着又采访了一些圣·贝纳特学院毕业的学生，结果发现，无论贫富，他们都有一份职业，并且生活得非常快乐。

普热罗夫再也按捺不住这一调查给他带来的兴奋。调查一结束，他就放弃了在美国寻找律师工作的想法，匆匆赶回了捷克。他明白了自己也是一支有无数种用途的铅笔，可以创造不同的价值。

最后，他成了捷克最大的一家网络公司的总裁。

哲理人生

只要肯用心去找，可以知道一支小小的铅笔有无数种用途。只要肯用心，就会在你的身上找到无数的优点；换种角度看待自己，就能找到无数的出路，找到无数的幸福，实现自己更多的价值。

可以借一个桃子

一位小学老师给学生们出过一道题：用一元钱能买到两个桃子，而用两个桃核能换一个桃子，假如现在你有一元钱，那么请问你一共能吃到几个桃子？

由于题目太简单，学生们马上异口同声地给出了答案："我能吃到三个桃子。"老师微笑着说："不错，那么请问还有别的答案吗？"就在此时，一个小男孩羞怯地举起手来。老师微笑着鼓励他："史蒂芬，那么请问你的答案是什么呢？"史蒂芬说："老师，我能吃到四个桃子。"

一句话，让老师和同学们都感到很诧异，老师忙问他："史蒂芬，告诉我，你从哪儿弄的第四个桃子？"史蒂芬从容地说："借的。""借的？"老师被这个孩子弄晕了，"从谁那儿借的？"史蒂芬微微笑了一下，接着说："买桃的人啊。当我吃完第三个桃子的时候不是剩下了一个桃核吗？这时候，我可以先向其他买桃的人借一个桃子，等吃完后再用两个桃核换一个桃子。这样换回来的桃子就可以还给那个买桃的人了。”老师听完史蒂芬的话不禁夸奖他善于动脑筋，其他同学也一片唏嘘。

如果单纯从数学的角度来讲，这个学生的答案无疑是错误的。但是，当把答案放在现实生活中时，这却是一个合乎情理的巧妙做法。正是由于大脑中总是具有这样的独特创意，史蒂芬长大之后开了一家投资公司，由于善于经营，这家公司的生意蒸蒸日上，获利颇丰。

哲理人生

其实，生活中有很多看起来不合乎常理却合乎逻辑的事情，聪明的人把握这个规律之后并善于运用，就会给自己创造出意外的惊喜。

奇怪的摆法

有一家大型超级市场曾经做过一个出人意料的举措：在卖尿布的货架上摆上了啤酒。这种摆法在所有超市里都不曾有过，因为几乎所有的超级市场都是分门别类来摆放商品的，不会出现这种“杂乱”的状况。但是，令人们惊讶的是，这个看起来完全不合常理的奇怪举措不但没有影响这两种商品的销售，相反，尿布和啤酒的销量还双双增加了。

这当然不是一个编造的笑话，而是实实在在发生在美国沃尔玛连锁超市的真实事件，并且这种创新的做法至今还为众多商家津津乐道。

原来，美国的太太们经常会嘱咐她们的丈夫：“下班之后顺便去超市为我们的宝宝买尿布。”丈夫在得到了妻子的“命令”之后，一般下班后都会拖着疲惫的身体前去超市，但他们和女人们不一样，购物总是行色匆匆，不可能仔仔细细地在商场里逛上一圈儿。所以，当发现尿布旁边就是啤酒之后，会很乐意在拿上尿布以后，顺手带几罐自己爱喝的啤酒解乏。而有了这样的购物经历之后，一说去购物，丈夫们自然而然地就会选择沃尔玛了。

当然，制订这项销售计划也并非是沃尔玛超市管理者一时心血来潮，而是在对一年多的原始交易数据进行了系统分析后，才制订的一个营销策略。

哲理人生

虽然很多人都在抱怨着现在的市场竞争异常激烈，但无可厚非的是，依然有越来越多的企业在这种激烈的竞争中不仅获得了生存还得到了发展。究其原因，在于他们能利用创新性的思维寻找出路。商战关键在于出奇制胜。

乔·吉拉德的故事

一位中年妇女走进乔·吉拉德的汽车展销厅，说她只想在这儿看看车，打发一会儿时间。然而实际情况是，她想买一辆福特轿车，可是旁边一家的推销员因为有事，让她等了一小时。乔·吉拉德在和她交谈中得知，她本来已经打定主意买一辆白色的福特轿车，就像她表姐的那样。她还说："今天是我55岁生日，这是给我自己的生日礼物！"

"生日快乐！夫人。"乔·吉拉德真诚地对她说，然后找了一个借口出去了。不到一分钟的时间，乔·吉拉德回到了展销厅，微笑着对那位中年妇女说："您既然有空，就请允许我为您介绍一款我们的双门箱式轿车，也是白色，相信您会喜欢的。"

大约15分钟后，一位女秘书走了进来，将一束玫瑰花递给了乔·吉拉德。乔·吉拉德转身绅士地对那位妇女说："这是送给您的，祝您生日快乐，青春永驻，尊敬的夫人。”他将花送给了那位妇人。

她很受感动，眼里充满了泪水：“谢谢你，已经很久没有人送我花了。”

然后她对乔·吉拉德说了之前的情况，语气里明显带着不满：“那个推销员真是差劲！他一定是看到我开着一辆旧车，就以为我买不起新车。我正打算买下那辆车的时候，那个推销员突然说他要出去收一笔欠款，让我等他回来。我生气极了，就到你这来了。”

结局很明显，她当然没有去街对面买福特轿车，而是从乔·吉拉德这儿买下了一辆雪佛兰轿车，并填了一张全额支票。

哲理人生

一句温暖的问候，一个适时的真诚祝福，这只是举手之劳，却能给别人带来快乐，同时也很可能带给自己意想不到的收获。多一个微笑，多一句祝福，装点了别人的世界，也成就了自己。

第三章

勇气征服一切

勇者无敌，是因为把自己铸造成了一件锋利无比的武器。当处于人生低谷，不知该往何处去的时候，给自己定一个目标，并为此付出全部的努力，便会忘记迷茫彷徨，忘记自卑恐惧。到达目的地再回顾的时候，你会感到庆幸，庆幸有勇气给自己确立了这样一个目标，并有勇气坚持下来。

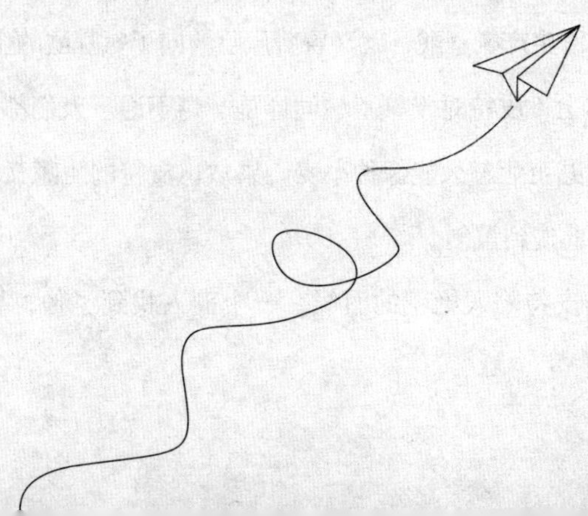

勇者无敌

皮特是美国费城的一位农场主，他有着勃勃雄心，想干一番大事业。可他的雄心壮志却总是“由着自己的性子随意迸发”，他的行为甚至可以称为“鲁莽”。至少周围的人是这么看他的。

皮特听人说，加工牛奶非常赚钱，他马上花500万美元购置了机器，可他自己并不懂得如何生产、销售牛奶，结果不出所料，皮特赔得一塌糊涂。人们都认为皮特是在胡来，没人认为皮特是经商的料。可谁也没有想到，没过多久，皮特又贷款200万美元创业。因为他听说加工牛奶的机器也可以生产氨基酸，就又冒着风险转向了氨基酸的生产。

事实上，皮特对于氨基酸同样是一窍不通。人们都认为皮特做事太不谨慎，办企业怎么能像种小麦。果然，皮特的生意又一次失败，他的农场也因此遭到重创。

正当皮特陷入绝境的时候，一个商人找到了他，要与他合作。合作的条件非常苛刻，就是这个商人帮皮特销售产品，赚取的利润要分一半；但如果销售不出去的话，皮特也要付给对方相应的报酬。

人们都觉得这是一个骗局，劝说皮特不要上当。可是走投无路的皮特却接受了这个近乎荒唐的合作。可出乎人们的意料，皮特这次创业竟然成功了，他的命运从此发生了变化。在短短的三年间，他的氨基酸走遍了整个美国。皮特竟然成为全美最大的氨基酸厂商，成了亿万富翁。

不久，皮特又开始投资房地产，他接手了一项谁都认为没有利润可赚的老人公寓。但是，皮特根本不明白房地产是怎么一回事，就勇敢地迈出了第一步。

风险升级的情况下，他的举动再次刺激了人们的神经，人们都说，这次皮特一定会赔得底朝天。果然，皮特的老年公寓项目赔钱了。

可是，在接下来的五年里，美国迎来了老龄化的高峰，皮特的老年公寓大受欢迎，价格猛涨。皮特狠狠赚了一笔，成了当时最走红的房地产经营商。

哲理人生

不用怕，不能怕，不可以怕，只有大胆地向前冲，抢着去做第一个吃螃蟹的人，才能站在成功的巅峰。做什么事情都有成功与失败之分，只有那些不畏失败的人，才能最终获取成功。

昂起头走路

爱美之心人皆有之，尼娜也不例外。但她总觉得自己就像一只丑小鸭，不够漂亮，也不够可爱。她说话的声音总是很小，走在人面前也不敢抬头。她喜欢躲避在一个角落里，不愿意让自己成为大家关注的焦点，也一直不敢看别人的目光。

尼娜像其他女孩子一样，喜欢逛街。可她总是一个人孤零零地去逛街，身边从没有朋友。她每次去逛街，总要去一个卖头饰的店铺。她喜欢那些晶莹璀璨的头饰，有好几次，她想买下其中的一件，可是又觉得自己戴上太惹眼了，别人会取笑她。虽然每次去那个饰品店都会令尼娜流连忘返，对其中的一些饰品爱不释手，但她始终没有勇气为自己买一件饰品。

有一天，尼娜像往常一样走到那个饰品店里。她看着女孩子们在镜子面前佩戴各种饰物，羡慕极了，非常希望能和那些女孩子一样，戴上一个属于自己的饰品。正在这样想着，突然她的目光被一只绿色蝴蝶结吸引了，那是一只非常漂亮、非常精致的蝴蝶结。尼娜觉得那只蝴蝶结注定是属于自己的。于是她赶忙走过去，鼓起勇气把它戴在头上。店主在一旁发现了，不断地赞美尼娜："小姑娘，你戴上这个绿色的蝴蝶结可真漂亮！"

"真的吗？"尼娜羞红了脸，腼腆地问道。

"当然了，你戴上这个蝴蝶结是最合适不过的了。"店主笑嘻嘻地说。

尼娜大着胆子像其他人一样走到镜子面前，她觉得自己戴上这个蝴蝶结好像确实变漂亮了。于是，尼娜买下了那只绿色的蝴蝶结，把它戴在头上。在走出饰品店的时候，尼娜不再低着头挨着墙根走路了，她昂起了头。

回到家，正在做饭的妈妈看到头戴蝴蝶结的尼娜不禁拍起手来："哈哈，我们的小尼娜变得越来越漂亮了。"

尼娜兴奋得跳了起来。她迅速地跑进自己的房间，在镜子面前仔细端详着自己，她觉得妈妈说得没错，自己真的变漂亮了。

第二天早晨，尼娜匆忙吃完早饭，戴上蝴蝶结便向学校跑去。走出家门时，不小心与人撞了一下她都没有在意。尼娜与往常不一样，她昂起头快步在学校里走着，她希望能在一个反光的地方看看自己的影子，此时却碰到了她的老师。老师惊喜地对尼娜说："尼娜，你昂起头来的样子真美！”老师爱抚地拍拍她的肩，和尼娜并肩走向教室。而尼娜却还有些羞涩，不敢正视老师赞美的目光。

就这样，尼娜昂着头走进了教室。那一天，许多同学都赞美她，说她变得落落大方了，放学后邻居看到她夸她可爱，放假回家的姐姐赞美她有气质，下班回来的爸爸说她变得更聪明了。这些赞美让尼娜更加高高地昂起头。她想：“这只蝴蝶结真好，为我带来这么多的赞美。看来我买下这只蝴蝶结是正确的，它确实很适合我！”她匆忙走进自己的房间，想好好照一下镜子，再欣赏一下这只美丽的蝴蝶结。然而当尼娜激动地站在镜子前时，却呆住了，她惊愕地盯着镜中的自己，却发现自己头上根本没有那个绿色的蝴蝶结！她仔细地回想着，突然想起来：“一定是早上出门时与人相撞给碰掉了！”

这时，尼娜终于明白了一个道理。只要有勇气昂起头来，就是一种美丽。

哲理人生

很多人不自信，没有勇气面对自己，并不是由于外因，而是因为内心的自卑。其实，我们每个人都要养成昂头挺胸的习惯，昂起头，才能展示出自己最美的一面。

黑气球也可以升起来

寒冷的冬日一个老爷爷手上拿着五颜六色的气球来到公园，几个小孩一窝蜂地跑上前去，每人买了一个便高兴地回家了。这个瘦小的孩子见到其他小孩都走了，才怯生生地走到老爷爷的身旁，用祈求的眼神看着老爷爷说："您可以卖一个气球给我吗？"

老爷爷低下头，用慈祥的目光打量了一下这个瘦小的孩子说："当然可以了，你想要什么颜色的？"

"我要黑色的。"小男孩鼓起勇气说，"我要一个黑色的。"

"没问题！"老爷爷一下子把三个黑气球塞给瘦小的孩子。瘦小的孩子开心地笑了，他接过气球，小手一松，黑气球飘了起来，在蓝天白云的映衬下成了一道别样的风景。

老爷爷一边笑呵呵地看着升起的气球，一边用手轻轻地拍了拍小孩的肩膀，说："孩子，气球能升起，不是因为它的颜色和形状，而是气球内充满了氢气。一个人的成败不是因为种族、出身，关键是你的心中有没有自信！”这个瘦小的孩子叫米奇，他记住了卖气球的老爷爷说过的话，时时激励着自己。

米奇的母亲对他说：“孩子，你很穷，但不能怨天尤人，不要因为是穷人就抬不起头来。你是独一无二的，也是最好的。”

母亲这句话也深深鼓励了他，他心中的希望之火越燃越盛。

几年后，米奇长成了一个小伙子。他中学毕业后，去一家公司应聘工作，那家公司向他索要名片，他没有名片，便递上一张黑桃A。

公司的经理觉得很奇怪，便约他面试。“你是黑桃A？这代表了什么？”经理问。

“是的，因为A代表第一，而我就是第一。”

经理被这个自信的小伙子所折服，录用了他。

后来米奇成功了，他一年推销出1425辆车，成了世界第一，创造了吉尼斯纪录！

哲理人生

相信自己是最棒的，勇敢地面对生活，要知道，唉声叹气改变不了命运。快乐是一生，忧郁也是一生，为什么不让自己的生活里洒满了阳光和快乐？那么就提起精气神，相信自己是最棒的，相信自己能够活得精彩，像米奇那样，握好自己的A牌。

给自己一个目标

鲍勃·摩尔落榜了，而且是非常悲惨的落榜：他参加了哈佛大学的招生考试，列入考试的五门功课中，竟然有三门不及格。就这样，鲍勃·摩尔与这所世界著名大学擦肩而过。

鲍勃·摩尔十分郁闷，他觉得自己的人生陷入了低谷。这年夏天，鲍勃·摩尔的家乡连降暴雨，导致山洪暴发。鲍勃·摩尔落水了，先被卷入山洪，后来又掉入汹涌的河流之中。

一个浪花打来，鲍勃·摩尔被冲到一块石头上，头被重重地撞了一下，剧烈的疼痛让他突然清醒过来。刹那，他突然想起去年夏天和女友在这条河中漂流探险时，在这条河的下游看到过一棵粗壮的老树，老树有一根粗大的枝丫，正好垂在河面上。只要能够抓住这根树杈，他就能保住性命。

鲍勃·摩尔拼命在洪水中坚持着，他越过一个又一个浪头，躲过一块又一块礁石，终于游到了那棵救命的老树底下。他顺着一个浪头冲出水面，紧紧地抱住了那根树枝，他的身影在河水中时隐时现……鲍勃·摩尔终于坚持了下来，他终于等到了抢险队员，被搭救上岸。

经过这场灾难，鲍勃·摩尔的人生有了新的方向。他重新回到学校，走进了教室，拿起了课本。他最终以优异的成绩进入哈佛大学，成为哈佛大学自开办以来教育学科最出色的学员之一。

后来，鲍勃·摩尔的代表作《你也能当总统》一书，激励了成千上万的奋斗者，使他们由一个个平凡甚至平庸的无名之辈，最终变成了成功者。

哲理人生

在处于人生低谷，不知道该往何处去的时候，给自己定一个目标，把一切精力都投在实现这个目标上，便会忘记迷茫彷徨，忘记自卑恐惧。到达目的地再回顾的时候，你会感到庆幸，庆幸有勇气给自己一个不敢想象的目标，并有勇气坚持下来。

再试一次就是奇迹

1943年，一个叫约翰逊的黑人小伙子创办了美国的《黑人文摘》。但是当时的出版界几乎是被白人垄断的，因此创办伊始，杂志的前景并不被看好。幸好，约翰逊没有对当时的形势感到恐惧，为了杂志的发行量，他准备做一些宣传。

约翰逊决定组织撰写一系列“假如我是黑人”的文章，请白人把自己放在黑人的位置上，严肃地看待这个问题。看着墙上总统夫妇的海报，他想，如果能请罗斯福总统的夫人埃莉诺来写这样一篇文章，那就是锦上添花了。于是约翰逊就给罗斯福夫人写了一封情真意切的信。

罗斯福夫人很快就回信了，但是信中却说，她太忙，没时间写。然而，在约翰逊的字典里没有“气馁”这个词，他又给罗斯福夫人写了一封信，但是她回信还是说太忙。约翰逊依然不放弃，此后的日子，每隔半个月，他就会准时给罗斯福夫人寄去一封信，言辞也越来越诚恳。

不久，罗斯福夫人因为公事来到约翰逊所在的芝加哥市，并准备在该市停留两日。约翰逊听到这个消息喜出望外，立刻给罗斯福夫人发了一份电报，恳请她在芝加哥停留的时间里，给《黑人文摘》写一篇文章。

这一次罗斯福夫人收到电报后，没有再拒绝。她是被约翰逊的诚意和毅力感动了，她觉得，无论有多忙，也不能再说“NO”了。

于是，全美国人都知道了那本《黑人文摘》和一个叫约翰逊的黑人。凭借着总统夫人的名气，《黑人文摘》杂志在一个月内销售量由2万份增加到了15万份。

后来，约翰逊出版了黑人系列杂志，并开始经营书籍出版、广播电台、妇女化妆品等事业，最后成为全球闻名的富豪。

哲理人生

永不言弃。成功从来没有一帆风顺的时候，面对每一次挫折与失败，我们应该始终怀有“再试一次”的勇气与信心。

生的勇气

日本人中田修曾在驻日美国军队中服役。退役后他走马灯似的换过十几次工作，做过黑市小贩、印刷公司职员等很多工作。每次，他不是被辞退，就是因为工作不太好而辞职，因此常常流落街头。

曾经，他在东京的一条小巷里漫无目的地徘徊游荡，感到万念俱灰。他决定用自杀的方式来结束自己的无限烦恼，让自己从痛苦中解脱出来。

那天，他闭着双眼直挺挺地躺在小巷中间，等待死神的召唤。一辆黑色小车急速驶来，在他以为自己就要解脱了的时候，小车却及时刹住了车。车上的人愤怒地朝他大喊了一声："站起来，到一边去！"

"真是倒霉透顶，想寻死都不能。"中田修暗骂一句，晃晃悠悠站了起来，打算跳到只有一街之隔的河里结束自己的生命。他朝河边的方向走去，不经意间看见不远处一块写着"垒泽设计研究所"的招牌，上面的字吸引了他的眼球。原本准备结束生命的他在看见这块招牌时，仿佛在黑暗中看见了光亮，他在内心大胆地想："我为什么不能创办一家设计研究所呢？"那一瞬间，他打消了自杀的念头。

原来，中田修在印刷公司工作的时候，就对公司设计师优厚的待遇羡慕不已。为了摆脱贫困的处境，中田修下决心要做一名设计师，拥有一家属于自己的公司。但是，在当时并没有专门教授设计知识的学校，于是，中田修便利用工作之余将设计公司的作品带回家里，一边研究作品，一边自学设计方面的知识。就这样，在坚持了半年之后，他终于掌握了一些设计技术。

自杀的念头被他从脑海里彻底拔除后，中田修认真地思考，努力想办法去完成自己的梦想。资金不足，他就通过报纸的"读者栏"招收学生。

终于，1959年4月，在大阪，"东京设计所"成立了。之所以以东京命名，就是为了纪念东京那间挽救了中田修性命的设计研究所。

后来，在中田修的苦心经营下，"东京设计所"成了日本一流的设计研究所。

哲理人生

死都不怕还怕活着吗？人生在世，只要有勇气，敢于去拼搏，就没有不能改变的命运。只有勇敢地行动了才有希望；相反，面对困难一味选择逃避，是无论如何也不会取得成功的。

晋升的秘诀

一个年轻人到杜兰特的公司工作，晋升得非常快，令所有认识他的人都惊诧不已。

一天，年轻人的一位知心朋友十分好奇地询问他晋升的秘诀。

年轻人无所谓地笑了笑，用非常简短的话语答道：“这很简单，我上班后就发现，杜兰特总裁经常在下班以后还留在办公室工作，而且一直工作到很晚。另外，我发现，杜兰特总裁在下班以后经常要寻找一个人替他拿文件，或者是做些其他的事情。于是，我就下定决心，下班以后，我也不回家，就待在办公室。虽然没有人让我这么做，也没有人给我加班费，但是我认为这样做是值得的，因为我可以为杜兰特总裁提供帮助。就这样，时间久了，杜兰特总裁养成了习惯，一有事情便叫我。”“那你是什么时候开始提升的？”朋友又问。

“哦，是这样，半年后，我很想了解杜兰特总裁对我的评价，我就大着胆子给他写了封信，虽然我觉得事务繁忙的杜兰特总裁可能不会理睬，但我还是决定给总裁写这封信。”

“你为什么要给总裁写信，你在信中写了什么呢？”朋友追问。

“我在信中给总裁提了几个问题和建议，同时，我在信的最后也问了杜兰特总裁一个最重要的问题。”

“快告诉我，你问的什么问题？”朋友迫不及待地问。

“在信中，我问杜兰特总裁，我能否在更重要的位置上干更重要的工作。”

“呵呵，你的胆子可真够大的。”朋友笑着说。

“可是你知道吗，总裁回信了。他没有回答我其他问题，只对我最后问的问题做了批示‘刚好公司决定建一个新厂，你去负责监督新厂的机器安装吧。但你要有不升迁也不加薪的准备’。随同那封回信，还有总裁给我的一张施工图纸。”年轻人说。

“你没有经过这方面工作的任何训练，却要在短时间内完成任务，这是非常困难的，你是怎么做的？”

年轻人答道：“我也知道这一点，但我清楚，这是杜兰特总裁在考验我。所以我就拼命地研究图纸，向其他专业人员请教、学习，并和他们一起工作，进行分析研究。后来，我们的工作开展得很顺利，并提前完成了杜兰特总裁交给我的任务。”

“哦，原来是这样，你提前完成了工作任务。杜兰特总裁是不是当着全公司人员的面表扬了你啊？”朋友兴奋地说。

“没有，他只是让一位工作人员交给我一封信。杜兰特总裁在信中说：‘当你看到这封信时，也是我祝贺你升任新厂总经理的时候。同时，你的年薪比原来提高10倍。据我所知，你是看不懂这张图纸的，但是我想看看你会怎样处理，是临阵退缩还是迎难而上。结果我发现，你不仅具有快速接受新知识的能力，还有出色的领导才能。当你在信中向我要求更重要的职位和更高的薪水时，我便发现你与众不同，这点颇令我欣赏。对于一般人来说，可能想都不会想这样的事，或者只是想想，但没有勇气去做，而你做了。新公司建成了，我想物色一个总经理。我相信，你是最好的人选，祝你好运！’”

“哈哈，你这家伙真有一套，我很佩服你，你是用勇气和勤奋为自己赢得了未来。”朋友最后若有所思地说。

勇气加勤奋。没错，这位年轻人用勇气赢得了机会，再用勤奋把握住机会，打出一副好牌。

哲理人生

勇敢地去争取自己想要的。哪怕是别人看来异想天开的妄想，也没什么，有勇气去想，然后有勇气去做，妄想便会成为现实。

战胜公牛的羊

外出捕猎的狼在路上遇见了一只羊。狼流着口水说："快点过来让我吃了你。"

"狼先生，你要吃我，我没法阻拦。但是我要提醒你，我可不同于其他软弱的羊，我拥有很强大的力量，足以战胜一头公牛。不信，你可以让我试试。"羊镇静而勇敢地说。

狼轻蔑地笑了，很不以为然地说："就凭你那四条细腿、那副只能吃草的牙齿，以及你矮小的身躯，还想战胜公牛？简直是做梦……不过这样也好，等你被公牛顶死，省得我下嘴咬了。"于是，狼找来一头强壮的公牛，让它与羊搏斗。狡猾的狼为了防止羊临阵脱逃，就把羊和牛关在一间屋子里，自己在门外坐等渔翁之利。

开始时，狼在门外听到屋里传来一阵"咚咚咚"的声音，慢慢地，声音逐渐减弱，到最后，屋里完全没有了动静。

“哈哈！这只吹牛的羊一定被牛角刺穿了，该我去品尝美味啦！”狼一边想着，一边推开了屋门，想看看羊惨死的样子。然而，率先从门里冲出来的，不是那头高大健壮的公牛，而是那只矮小瘦弱的羊！

而那头牛已经倒在地上，很明显受了重伤。它的犄角已经折断，鲜血流得到处都是。

狼急忙跑到倒在地上的牛身边询问情况。

“那只可恶的羊！”牛愤愤不平，“第一次我鼓足力气向它冲去，它一下子躲开了，而我则生生地撞到了石头墙上。我很生气，又一次扑向它，它又躲开了，我又撞到了墙上。我越扑越生气，就这样在墙上撞了好多次，结果把自己给弄伤了。而那只狡猾的羊不敢与我比力气，只知道躲闪，真是一个懦夫！下次见到它，我一定要它好看！”公牛越说越生气。

“哦！勇敢又狡猾的羊！原来它是以退为进呢，我得赶快抓住它！”狼急忙出门找羊，羊却早已不知去向。

哲理人生

尺有所短，寸有所长。以己之所长攻人之所短，取胜之道也。聪明的羊用巧妙的策略战胜了公牛，逃离了狼口。在面对危险的时候不仅要有聪明的头脑，还要有足够的勇气，这样才能化险为夷。

小鸡变老鹰

有一天，一个小男孩将在野外捡来的一只鹰蛋带回家里，然后把鹰蛋放到了鸡蛋中间，让母鸡孵化。不久，小鸡和小鹰都孵了出来。于是那只小鹰就和小鸡快乐地生活在一起，过着平静舒适的生活。

小鹰长大后，发现其他的鸡总是用奇怪的眼神看自己。它想：这一定因为我是一只不寻常的鸡，我一定有什么不同于其他鸡的地方。可是它却怎么都找不到自己不同寻常的地方，因此它每天都非常苦恼。直到有一天，它看到一只老鹰从天空飞过，自由地舒展着翅膀，顿时有一种似曾相识的感觉涌上心头，两翼似乎流动着一股奇妙的力量。

看着在高空自由翱翔的老鹰，那只小鹰无比羡慕，心中充满了无限的向往：要是我也能像老鹰一样该多好，那我就可以离开这个偏僻狭小的地方，飞上天空，栖在高高的山顶上，或者去遥远的地方旅行。

可是怎么能够像老鹰一样呢？我从来没有张开过翅膀，没有飞行的经验，如果从半空中坠下岂不要粉身碎骨吗？

犹豫、徘徊、冲动，经过一阵紧张激烈的内心斗争后，小鹰终于鼓起了勇气。它冒着粉身碎骨的风险，勇敢地爬到高处，往下看了一眼，心跳就开始加速了。它想退缩，就在这个时候它抬头看看天空，突然又有了勇气，它要飞上天空与白云拥抱。于是它俯冲而下，眼看着就要掉到地上了，就在这千钧一发之际它的翅膀展开了，一跃飞到了空中。小鹰非常兴奋，继续用力往高空飞去，稳稳地翱翔于蓝天白云之间，享受着天空的辽阔。

哲理人生

尺每个人都有飞翔的梦，但是有的人只是空想，注定只能做一只在平地行走的鸡，即使本身是只鹰；有的人不甘平庸，勇于尝试，于是成功地张开了翅膀，翱翔于广阔的天际。

无腿走世界

约翰·库缇斯是一个澳大利亚残疾人，有人说上帝缔造他的时候，一定用了另外一副模子。他出生的时候只有可乐罐那么大，腿是畸形的，而且没有肛门，躺在观察室奄奄一息。医生断言他不可能活过24小时，建议他父亲准备后事。

但三十多年后，约翰·库缇斯依然健康地活着，而且还经常到世界各地发表演讲。一个天生重度残疾的人，变成了世界上著名的激励大师，他的故事耐人寻味……

约翰·库缇斯出生后，由于个子非常矮小，周围的一切对他来说都像庞然大物，令他有些恐惧。

“你必须自己面对一切恐惧，勇敢起来。”一天，父亲把小约翰和家中那只狗一起关在后院里便躲开了。过了一会儿，发出了狗的嘶鸣声，父亲惊喜地发现，小约翰正骑在那条狗的背上，像一个骄傲的牛仔。

回忆起那次与狗接触的经历，约翰·库缇斯说，当那条狗恶狠狠地扑过来的时候，我只是揪住它的尾巴，用手指在它屁股上使劲捅，终于制伏了那个讨厌的家伙。“如果你觉得恐惧，那么你就学会去面对它！”父亲给小约翰上了人生第一课。

约翰上学的时候，学校里有很多调皮的学生总是欺负他。有一天，约翰回到家中，想着自己被侮辱的遭遇，号啕大哭起来。他想：“为什么只有我的生活这样悲惨，在学校里，我就像一个怪物，我的存在只是让更多的人得到开心取笑的对象。这样的日子活着还有什么意义？”

“永远都不要认为自己很惨，世界上比你更惨的人多的是，他们还都坚强地活着呢。”母亲搂着他，劝慰他，使小约翰又恢复了活下去的信心。

1987年，17岁的约翰·库缇斯决心自食其力。他在经过成百上千次应聘失败后，终于在一家杂货铺找到了自己的第一份工作。他每天凌晨4：30起床，赶火车到镇上，然后爬上他的滑板，从车站赶到几千米之外的工厂。尽管生活艰辛，但是能够自食其力，约翰勇敢而快乐地生活着。

长大后的约翰成了一名运动健将。他从12岁起，就打室内板球，练习举重和轮椅橄榄球。由于上肢的长期锻炼，他的手臂有着惊人的力量。

1994年，约翰·库缇斯获得澳大利亚残疾人网球赛的冠军；2000年，约翰拿到澳大利亚体育机构的奖学金，并在全国健康举重比赛中获得第二。约翰还获得了板球、橄榄球的二级教练证书。他用成绩回击了所有的嘲笑和侮辱。

然而，令约翰·库缇斯意想不到的是，自己的人生经历竟然能引起那么大的轰动。

那是在一次午餐会上，约翰应邀做了一个简短的演讲。接着，一个女人跑到台上，哭着说是约翰救了自己的命，因为她觉得自己非常不幸，正准备自杀。听了他的演讲后，她觉得自己应该好好地活下去。

这让约翰意识到，讲出自己经历的恐惧和烦恼，讲出自己的挣扎和拼搏，给他人以启迪，真是一件非常重要而且非常有意义的事情。

于是，约翰开始了公众演讲。到现在为止，约翰在190多个国家做了800多场演讲，他用自己的亲身经历，激励和影响了很多人。

哲理人生

这个故事献给那些体弱多病、性格内向的孩子再合适不过了。你是不是因为身材矮小经常被人欺负？你是不是因为学习成绩差而被人耻笑？你是不是因为衣着寒酸被人讥讽？那又怎样？跟约翰相比，你不是好很多？你有健全的四肢，有正常的大脑，只是，你还没有活得精彩的勇气。每个人都有权利活得更精彩。

海尔先生的幸福人生

海尔是一个银行的职员，多年以来，他一直兢兢业业地工作。可是有一天，不幸降临到他的头上，他被告知失业了。虽然海尔知道银行严重亏损，裁员并不是他的错，但还是觉得很丢脸。他不敢告诉任何人，在失业的那段时间里，他还是装作若无其事的样子，每天继续搭火车，假装去上班。那段时间，他一直在逃避家人，逃避朋友，更是在逃避自己。

后来，海尔不得不正视现实，但他应聘了很多家银行都没能找到工作。

“你并不是失败者，亲爱的，一定会有更好的工作在等着你，你一定会再次成功的！”海尔太太说。

妻子的一番话，让海尔再次鼓起了勇气。他渐渐从失意中走出来。他不再唉声叹气，郁郁寡欢。他知道妻子说的是对的，一定在某个地方有个更合适的工作在等着自己，只要自己耐心地去寻找，就一定会找到的。

几天后，海尔偶然在机场的餐厅见到了他的大学同学乔许。

乔许对海尔说：“我这辈子最明智的选择便是离开银行了。因为我离开银行以后又回到了我们以前的大学去工作，替母校募款，现在已经是这个部门的经理了。”

海尔想加入这个看起来不错的工作，但马上想到乔许在辞职时自己还嘲笑过他，因此担心自己提出这个想法会遭到老朋友的耻笑。但稍微犹豫了一下，海尔最终还是鼓起了勇气问乔许：“能不能介绍我来做这个工作。”令海尔意外的是，乔许不但没有取笑他，反而很爽快地答应了他的要求。

在新的岗位上，海尔焕发了从来没有过的激情。同事们常为他的业绩折服。一年以后，学校提议由海尔取代乔许的职务，但被海尔毫不犹豫地拒绝了。直到后来，他得知乔许已经升职，而且是乔许本人推荐他的，他觉得这一切都太完美了。

海尔先生的勇气在他的人生中起了决定性的作用，他虽然年龄已经很大了，但还勇于尝试一份新的工作，并且取得了骄人的业绩。

哲理人生

世界上很多看起来很聪明的人没有成功，而有一些看起来很普通的人却成功了。其实，很多聪明人之所以没有成功，是因为他们缺少一样东西，那就是面对困难时勇于突破的勇气。

我的名字叫诚实

1954年的冬天，杰克只有12岁。他是一个勤快懂事的好孩子，上学之余，靠给附近的邻居送报纸赚取零用钱。

在他送报的客户中，有一位老妇人。如今杰克已经记不起她的姓名了，但那天下午发生的一件事，却令他终生难以忘怀。

那天下午，杰克和几个伙伴在老妇人家的后院里玩耍，朝她的房顶上扔石头。他们兴致勃勃地看着石头划过一道又一道美妙的弧线，像导弹一样准确地降落在屋顶上，发出“咚咚”的响声，然后再顺着屋檐迅速滑落。他们为这个毫无意义的举动开怀大笑，玩得十分开心。杰克又扔出一块石头，可是意外就在这时发生了，石头在划出又一个令他们兴奋的弧线后，径直打在了房子的窗户上，“哗啦”一声，玻璃碎了。杰克和伙伴们像受了惊的小鸟一样，飞快地逃走了。

那天晚上，杰克整夜都没有睡着。他竖着耳朵，仔细地听着敲门声，生怕老妇人找上门来。一天过去了，老妇人没来，两天过去了，三天过去了……很多天过去了，还是没有动静。杰克确信老妇人不会来找他麻烦了，庆幸的同时他心里的负罪感也与日俱增。

终于，杰克下定决心赔偿老妇人的窗户，他把送报纸的钱攒下来。三个星期后，攒足了7美元，足够赔偿老妇人的玻璃了。可是他不敢直接交给老妇人，于是就写了一张便条，然后把钱和便条一起放在一个信封里，放在了老妇人家的邮箱里。在便条上，他向老妇人解释了事情的来龙去脉，并且表达了自己的歉意，希望能得到她的谅解。

第二天，杰克又去给老妇人送报纸，这次杰克坦然地对她说了一声："您好，夫人！"老妇人看起来很高兴，说了"谢谢"之后，递给杰克一样东西。她说："这是我给你的礼物。"杰克打开后发现是一袋饼干。

杰克很开心，他拿着礼物很有礼貌地说："谢谢！"

杰克吃完饼干后，突然发现袋子里有一个信封。他小心翼翼地将信封打开，发现里面是7美元纸钞和一张彩色信笺。信笺上写着："诚实的孩子，我为你感到骄傲。"

哲理人生

犯了错误并不可怕，可怕的是没有勇气承认错误。勇敢地面对自己的错误，承认并改正错误，才能得到身心的解脱，才能体会到更多的快乐。

蹚过生命之河的小泥人

有一天，上帝宣布说："如果哪个泥人能够走过指定的那条河流，他将赐给这个泥人一颗永不消失的金子之心，并赐给他天堂的美景。"

这道命令下达了很久，泥人们都没有回应。不知道过了多长时间，终于有一个小泥人站了出来。但是他除了听到一些真诚的劝解外，还遭到了恶毒的嘲讽。

然而，这个小泥人对这些声音置之不理。他不愿意一辈子只做个小泥人，他一直梦想着拥有自己的天堂，梦想着拥有一颗永不消失的金子之心。现在有了这个机会，他绝不能轻易放弃。他坚信，要到天堂，先得闯过地狱。然而他的地狱就是那条河。

小泥人来到河边，沉默片刻，就勇敢地踏进河中。一种撕心裂肺的痛楚顿时从双脚蔓延到他的全身，他能够感觉自己的脚在飞快地融化，他感觉到自己的灵魂正在慢慢地脱离自己的身体。

这一刻，他明白，他已经没有后悔的机会了。如果退缩，他将残疾；如果迟疑，只能加快自己的消失。而上帝给他的承诺，就在彼岸。

小泥人艰难而又坚定地走着。这条河真宽啊，他仿佛耗尽了所有的精力，但对岸距离他仍旧是那么遥远。他看见了对岸美丽的鲜花、碧绿的草地和快乐飞翔的小鸟。也许那就是上帝许诺的天堂，但是也许他付出一切，甚至包括生命也无法到达。

小泥人慢慢地向前挪动，鱼虾无情地噬咬着他的身体，河水残忍地冲刷着他的身体。可是他明白，一旦停下来，他将再没有机会前进。他只能拿出十二分的勇气和坚持。奇怪的是，每当小泥人觉得自己就要到极限的时候，总有什么力量使他能够坚持到下一刻。

就在小泥人即将坚持不下去，就要绝望的时刻，他突然发现自己已经到对岸了。他如释重负，欣喜若狂，忽然觉得自己的身体好像有点变化。他低下头，开始打量自己，却惊喜地发现，他的身体已经不再是泥土了，他已经拥有了一颗金灿灿的心！

哲理人生

当有机会拥有一颗金灿灿的心，我们为什么不去尝试？哪怕有粉身碎骨的危险，但危险背后就是天堂。生活就是这样一条极其危险的河，是做个一辈子站在河边憧憬天堂的小泥人，还是为梦想勇敢地挑战危险，到达彼岸的天堂，取决于你能否坚持到下一秒。

救了七十多人的牧师

2004年12月26日上午9时，兰吉万·夏维尔牧师正在圣约瑟夫教堂里为教徒做弥撒。这时海啸袭来了，它无情地袭击了这个位于斯里兰卡东部的城市提鲁克沃维尔。兰吉万牧师立即组织教徒们到地势较高的地方避难，而自己却跑向了几百米外的海滩。

兰吉万牧师回忆说："我们这里以前发生过洪水，但我从未见过这样的大浪。在逃亡的时候，我发现一个女人倒在一个栅栏上，她的头发被铁丝网绞住了，完全不能动弹。我救起那个女人，将她放在了高地上，然后又折了回去。"在那惊心动魄的一天里，兰吉万牧师总共从水中救出了七十多人，寻找到两百多具尸体。他很平静地对人们说："海啸来临时，作为一个牧师，我不能退缩，要鼓起勇气与海啸斗争，把陷入灾难的人救出来。"

在斯里兰卡，安帕拉周边区域是受灾最严重的，全国一共有3.8万名遇难者，其中有1万名来自安帕拉，而提鲁克沃维尔的遇难者就有6000人。灾后兰吉万牧师悲痛地说，他在海滩旁的两个集体墓穴里埋葬了750人。挖掘这两个墓穴大约花了他一个星期的时间，对于自己所做的一切，他都认为是理所应当的。

此后他与援救组织合作，分发自己撰写的有关海啸救援知识的小册子，夜里帮助巡逻，防止抢劫等恶劣的行为发生。灾后，他开办了一个教师培训机构、一个寄宿学校、一个托儿所、一个营养中心……对于那些受到惊吓的孩子，兰吉万牧师鼓励他们重新回到海边去玩耍，要勇敢地面对危险，不能选择逃避。

哲理人生

生命宛如含苞待放的花朵，它能绽放出怎样的花朵，这朵花会散发出怎样的幽香，取决于培育它的土壤。这土壤最好的肥料是爱。大爱永远无疆，勇气锐不可当！

钢铁般的意志

1965年，一名韩国学生到剑桥大学主修心理学。喝下午茶的时候，他常常到学校的咖啡厅或茶座听一些成功人士聊天。这些人包括诺贝尔奖获得者、某些领域的学术权威和一些创造了经济神话的人。他们幽默风趣，举重若轻，把自己的成功都看得顺理成章。

时间一长，他突然感觉到，在国内时，他被一些成功人士欺骗了。那些人为了让正在创业的人知难而退，普遍把自己创业过程中的艰辛夸大了，也就是说，他们在用自己的成功经历吓唬那些还没有取得成功的人。

身为心理系的学生，他认为很有必要对韩国成功人士的心态加以研究。1970年，他把《成功并不像你想象的那么难》作为毕业论文，提交给现代经济心理学的创始人威尔·布雷登教授。布雷登教授读后非常高兴，他认为这是个新发现，这种现象虽然在东方甚至在世界各地普遍存在，但目前还没有一个人大胆地提出来并加以研究。惊喜之余，他写信给他的剑桥校友，也就是当时的韩国总统朴正熙。

他在信中说：“我不敢说这部著作对你有多大的帮助，但我敢肯定它比你的任何一个政令都能产生震动。”

后来，这本书果然伴随着韩国的经济腾飞了。这本书鼓舞了许多人，因为它从一个全新的角度告诉人们，成功与“劳其筋骨，饿其体肤”“三更灯火五更鸡”“头悬梁，锥刺股”没有必然的联系。只要你对某一项事业感兴趣，并长久、勇敢地坚持下去就会成功，因为你的时间与智慧足够你圆满做完一件事情。

后来，这位青年也获得了成功，他成了著名的韩国泛业汽车公司的总裁。

哲理人生

成功并不像你想象的那么难，并不是因为事情难我们不敢做，而是因为我们不敢做事情才难的。人世中的许多事，只要想做，都能做到，该克服的困难也都能克服。

勇气源于真爱

在1141年的德国，康纳德国王的军队将巴伐利亚公爵沃尔夫围困在温斯堡城中。这场围攻已经历时数月，沃尔夫已经做好了投降的准备，于是双方的信使开始在围城内外频繁穿梭，投降的条款在经过无数次的讨价还价后，也终于谈妥了。一切都准备就绪了，只等沃尔夫和他的部属们将自己的命运交到死敌的手中。

但是温斯堡里的妇女们却不同意投降的条件。于是，她们给康纳德国王送去口信，要求康纳德国王许诺保证温斯堡内所有妇女和儿童的安全，并且允许在她们离开时，带走她们双手能够带走的所有东西。没有想到，她们的要求竟得到了满足。

投降那天，随着城堡的大门缓缓打开，女人们在第一时间走了出来。康纳德国王及其将士们被他们所见到的一切惊得目瞪口呆：走出城堡的每个女人都被压得弯下了腰，艰难地走着。她们带的不是金银钱币，也不是珠宝首饰。她们背上的是她们的丈夫，汗水在她们美丽的脸庞上闪耀着光芒。

这些女人是勇敢的，她们要救出自己的男人，不想让自己的男人受到这支获胜军队的凌辱。康纳德国王被这一壮举深深地感动了，大声地向这些女人们宣布，一定会保证她们的丈夫获得安全和自由。被这种场面深深感动的康纳德国王与巴伐利亚公爵签订了新的和平友好条约，其中的款项比他们事先商定的要友善很多。

智慧的康纳德国王知道，征服一个拥有爱心的群体远远不如获得他们的拥戴更能扩大自己的力量。从此以后，温斯堡改名为“韦博图山”。德语中“韦博图”的意思是“女人的坚贞”。

城堡中的女人勇敢地用自己的行动证明了爱的力量，赢得了自己和爱人的平安。

哲理人生

爱的力量是伟大的，手无缚鸡之力的女人也会因为爱而变得英勇。爱会使她们拥有无限的勇气，因为真爱无敌。

第四章

习惯凝聚力量

习惯是一种潜移默化的力量，也是一种顽强而巨大的力量，能够主宰人的一生。有什么样的习惯，就有什么样的性格；有什么样的性格，就有什么样的命运。所以，从幼年开始就应该通过教育培养一种良好的习惯，并将坏习惯在形成之前及早去掉。

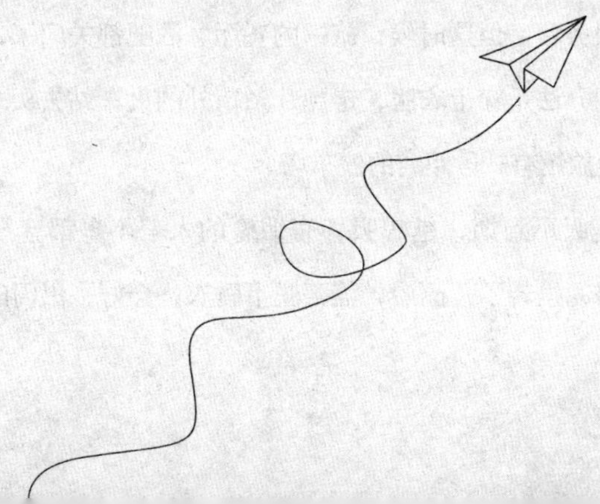

习惯的力量

美国石油大亨保罗·盖蒂曾经是个大烟鬼，烟不离手是他的标志。有人说，他嘴巴制造的空气污染与他的炼油厂基本持平。

有一次，他度假旅行经过法国，恰逢天降大雨，在开了几小时车后，他找到了一个小旅馆过夜。吃过晚饭，疲惫的他很快就进入了梦乡。

深夜两点钟，盖蒂突然醒来。他伸手摸索，想吸一根烟。很遗憾，烟盒是空的。他下床，翻寻衣服口袋，一无所获；又翻寻行李，希望能发现他无意中剩下的一包烟，甚至是一根烟，结果也失望了。他打电话到旅馆服务台，但这时候，旅馆的餐厅、酒吧都关门了，他唯一能够得到香烟的办法是穿上衣服，走到几条街外的火车站去买——因为他的轿车停在距旅馆有一段距离的停车场。

越是吸不到烟，越想吸，有烟瘾的人差不多都曾经有过这样的经历。在房间里转了几圈后，盖蒂脱下睡衣，穿好了出门的衣服。在伸手去取雨衣的时候，他突然停住了。他问自己：我这是在干什么？

盖蒂站在那里反复思索，作为一个知识分子，作为一个功成名就的商人，一个自以为有足够理智的人，一个经常对别人下达命令甚至可以在一定程度上决定别人命运的人，竟然要在三更半夜离开旅馆，冒着大雨走过几条街，只是为了得到一支香烟。这是一个什么样的习惯，这个习惯的力量有多么强大？而这种习惯又是多么可怕？

于是，盖蒂下定决心。他狠狠地把那个空烟盒揉成了一团，连同那个打火机一起扔进了纸篓。扔掉这些垃圾的同时，他也扔掉了自己的恶习。再次躺到床上，盖蒂带着一种终于战胜自己的喜悦，很快就进入了梦乡。

从此以后，保罗·盖蒂再也没有吸过烟，同时，他的事业越做越大，最终成为世界顶尖富豪之一。

哲理人生

"习惯"是通过一点一滴、循环往复、无数重复的行为动作养成的，好的习惯，坏的习惯莫不如此。习惯的力量是巨大的，只有把意志武装起来，去支配习惯，而不是让习惯支配自己，这样才会成功。

便利贴女孩

在时尚杂志工作的薇薇安，跟普通的纽约女孩并没有太多差别。若不是有张时尚杂志助理的名片，中等身材、相貌平凡的她很容易就被时尚Show的保安拒之门外。

薇薇安是杂志时尚部主编琳达的私人助理，照理说应该是升迁机会很多的职位，她却在这个位置上做了几年丝毫未变。“薇薇安”是全杂志社的人最喜欢叫的名字，可是每次有人叫她的时候基本上都是，“薇薇安，可以帮我买一杯咖啡吗？”“薇薇安，能不能替我打印一下这份文件？”“薇薇安，你可以帮我……”

没错，薇薇安就是传说中的“便利贴女孩”。每个人都需要她存在，每个人都不会去在乎她的喜怒哀乐，大家所需要的就是在自己懒得做某件事的时候，把做这件事的便利贴贴到她的身上。这在杂志社几乎成了一种公认的习惯，连刚来的新人都敢指使薇薇安替自己收文件，完全不把她当作比自己职位高的前辈来看。

好脾气的薇薇安，看上去好像对这一切都没有半句怨言。曾经有同事尝试为她争取属于自己的权益。可是看到自己费尽口舌争来的机会，被薇薇安一个傻笑就敷衍过去了，换谁都会“心灰意懒”。事实上，薇薇安也并非毫无怨言，以优异成绩拿到历史学硕士学位的她，原本打算去做一个考古学家，可惜阴差阳错地进了时尚杂志社。在杂志社的两年里，她不断地学习新东西，比她更资深的编辑在一些问题上都需要征求她的意见，可惜她唯一学不会的就是拒绝。

薇薇安曾经尝试改变这种状况，可是当别人习惯性地将一切丢到她面前的时候，她还是会习惯性地去应允。

对于薇薇安而言，拒绝别人的请求一直都是一件很艰难的事情。一方面她害怕伤害别人的感情，另一方面她觉得举手之劳并不会给自己造成太大的困扰。担心的东西越多，就越难以对别人说“No”。时间久了，就形成了如今这样进退两难的现状。

这种困境一直延续到了新主编上任。新主编欧文是一个工作狂，整个杂志社的人几乎是闻其色变。在化妆室里，女同事们都在抱怨这些没完没了的工作，让她们已经快从时尚的引导者变成咖啡店从不休息的女服务生。在这里面，唯一不抱怨的，也就只有全社的“便利贴”薇薇安了。自从新主编上任，大家偷懒丢给她的工作少了很多，可是她仍然是全杂志社倒数第二个下班的人，倒数第一的人自然就是无畏加班的主编欧文了。

为了应付一场大型的服装Show，薇薇安和琳达一起忙碌了很久。在熬了几个通宵之后，琳达的身体终于在Show开幕的前一天累垮了。但是欧文需要一个熟知这次活动全部内容的人做助手，陪他参与这场年度最重要的Show，唯一的人选就只剩下了薇薇安。

在开幕的那天，身着黑色小礼服的薇薇安优雅得体地陪伴欧文完成了整场接待。她优雅的谈吐和举止，让在场的同事们大吃一惊。没有人想到平时跟时尚格格不入的她竟然可以做得如此出色。

接下来的故事，其实我们不用猜都知道。薇薇安完成了《穿Prada的恶魔》里安妮·海瑟薇那样的神奇蜕变。在参加了这场大型活动之后，她顺利升职并得到主编欧文的重用，一年后已经是时尚界最具影响力的杂志编辑。

她仍然自己买咖啡，为同事随手递送一些文件，可是再也没有人会看轻她，将她当作默默无闻的“便利贴”了。

哲理人生

“便利贴女孩”已经成为一种生活与工作的特殊存在。她们的悲哀，在于习惯地去接受别人丢到自己手中的一切。当不必要的忍让成了别人的习惯，真正的自己就会变得更加渺小。因为，并不是每个“便利贴女孩”都可以像薇薇安那样幸运地蜕变为时尚女王。所以，请不要让无谓的忍让成为你的习惯，适当地说“No”，你未必会得罪全世界。那些只会利用你的人，因此而远离你，反而是件好事。

至少迈出第一步

维拉是一名28岁的在读研究生，同时攻读两个学位。她一个人住在离学校不远的出租公寓内，平时没事的时候几乎从不出门。她最大的烦恼就是找不到合适的男朋友。

她每天抽三包烟，有时喝酒，一次次的失望让她患上了抑郁症，不再相信爱情，有时候甚至怀疑生命的真谛。唯一的乐趣就是缩在自己的屋子里边抽烟边打游戏。不管是药物治疗还是心理治疗都对她的抑郁症毫无帮助，她的心理医生觉得她该从另一个方面做出改变了。

于是，医生建议她去参加一个关于慢跑的记录性训练，也就是一个研究项目，要求参与者每个星期进行三次慢跑，每次不得少于20分钟，可以团体训练或者单独训练，结果要记录在案，便于进行心理学研究。维拉没有拒绝，“就当作帮自己的心理医生一个忙吧！”抱着这样的心态，维拉去参加训练了。

教练给维拉的建议是，开始的时候步子不要太大，可以从小步走开始，切忌急于求快，一定要保持呼吸的均匀，节奏放慢。如果走不动可以停下来休息，总之不要让自己感到太疲劳或者周身疼痛。

第一周的任务似乎没有那么困难，维拉坚持下来了。第二周，教练要求快步走完1500米的路程，没有时间限制，只要尽力就好。

一个月过去了，每隔一天出门训练已经成了维拉生活的一部分，虽然还没有感觉到那是身体的要求，但是她已经把这个训练当成了一种工作。

六周以后，维拉惊喜地发现自己的身体发生了一系列变化。她发现长期困扰自己的失眠症不治而愈了，几乎每天都能睡个好觉。香烟也从之前的一天三包减少到了一周一包的量，整个人看起来更有精神了。

这其实并不是什么相关的测试，而是心理医生专门为她安排的一种治疗方式：养成一个良好的生活习惯，坚持体育锻炼，从而克服自己本身的那些坏习惯。此后，维拉就没有停止过自己的慢跑锻炼，而她的抑郁症也不治而愈。

哲理人生

有时候，好习惯就是坏习惯的克星。从表面上看，坏习惯往往更加容易养成，也更加容易让人产生依赖感。但好习惯的形成绝不像想象中的那样困难，即使你不愿意，但至少也应该尝试着迈出第一步。

放弃美食的猴子

有位科学家曾经做过一个实验。他找来了四只猴子，将它们共同关在一个笼子中，但不给它们食物，让它们饥肠辘辘地生活了两天。

当猴子们快要饿死的时候，转机来了：笼子的上方出现了猴子喜欢的食物。于是，饥饿的猴子们争先恐后地跑上去抢食物。结果，它们发现了一件残酷的事情，还没有等它们碰到食物，就已经遭受到了非常痛楚的电击。虽然这种电击不足以使它们毙命，但疼痛的感觉却让它们对食物望而生畏。不断地有猴子跳上去，不断地遭受电击，未取到食物，却已经伤痕累累。

第一天，猴子们踊跃地往上跳，试图找到一些捷径，能够取到食物并且不遭到电击，但是最终它们没有找到什么好办法。

第二天，猴子们的积极性已经备受打击，偶尔地上去一趟，还是遭到电击，然后更失望而归。“有捷径的存在”这个想法似乎成了传说。

它们又饿又沮丧地蜷缩在笼子的角落里。

第三天，实验者在笼子里放入了少量的食物，以防他们被饿死。然后，新的一轮考验再次开始。猴子们很快吃完了实验者给予的食物后，感觉更加饥饿了。笼子上方的食物消失后又出现了，这次，换了一种口味。猴子们依然奋力往上冲，结果再次被电击中受伤而归。

如此反复了几次，实验者发现，猴子们上去抢食物的频率越来越低。就算再饿，它们也宁愿缩在笼子的角落里，因为它们知道，差不多的时候，会得到一些食物，尽管不够吃，但至少不会饿死。笼子上方的食物尽管诱人，却只是一个绝望的诱惑。

又过了几天，实验者切断了连接在笼子上方的电源。然而，再没有猴子尝试着上去取食物了，因为它们都怕电击以及受苦却得不到食物的双重失望。没有电流，美食在那里放了几天，下面的猴子依然在挨饿，谁也不愿意再去尝试那些已经唾手可得的美食。

过了不久，实验者把四只猴子当中的一只抓了出来，换进了一只新猴子。和大家相同的是，它也是被饿了几天才关进来的；和大家不同的是，它并不知道想要取得笼子上方的食物要面临被电击的危险。于是，当它发现笼子上方有自己喜爱的美食的时候，非常兴奋，努力往上爬，试图去取食物。这个时候，其他三只猴子马上阻止了它“愚蠢”的行动，并且用猴子特有的沟通方式告诉它，上面的食物非但取不到，还会遭受电击之苦。

大家动之以情，晓之以理，这只新加入的猴子看见大家饿成这样，都不敢去取笼子上方的食物来吃，足见它们说的都是真的，于是它彻底放弃了去取食物的欲望。

随后，“老资格”的三只猴子被一个接一个地放了出去，换进了新的猴子。每加入一个新成员，笼子里其余三只猴子就会不厌其烦地告诉它，笼子上方的食物碰不得，不管怎么饿都要忍耐，因为到了一定的时候，就会有充饥的食物被放进来。

每只新猴子都听从了“前辈”的劝告，没有任何“异心”，也没有再尝试着爬到上面取食物。其实自从上面的电流被切断之后，实验者再没有通过电，笼子上方的食物从四只“老猴子”在的时候就已经安全了，然而畏惧已然成为习惯，它们遵循着自己的习惯，挨饿，等待食物，然后继续挨饿……并且新来的猴子也很快适应了这个习惯。

于是，虽然猴子换成了新的，畏惧的习惯却一直保留下来，左右着它们的行为，让它们从未尝试便已经放弃了希望。

哲理人生

当一种习惯形成过于强大的力量之后，人们往往会选择将这种力量无条件地强加于别人身上。就像世俗习惯了怎样，就会有太多的人要求你怎样做，而没有人会认真地探寻这样做究竟是否合适。有时候，重新审视那些存在于身边久远而深重的习惯，就会发现，你认为理所当然的，也许并非事实。

消失的“星星小姐”

这是一个简单的校园故事。

星星小姐的名字其实是叫茉莉，因为她太像那本《Star Girl》中的“星星小姐”，所以罗兰悄悄地给她取了这个只有自己知道的昵称。

星星小姐是华盛顿玛里兰中学的一名转学生，在进入这个学校前，她在得克萨斯州的一个小镇跟经营一个小农场的父母在一起生活。她的妈妈是一位美丽的教师，在妈妈的教导下茉莉成为一个优雅而且好学的女孩。罗兰设想过，在那个小镇上的“星星小姐”一定是最受男孩们欢迎的女生，她和男孩们一起骑着马在农场中奔驰，人人都爱听她银铃般的笑声。

因为茉莉的笑，很像很多的小铃铛一起在响，让你听到的时候都会不自觉地开心起来。在第一次见面的时候，罗兰就不自觉地想靠近她，想跟她成为朋友。

可是，这里是华盛顿，这里是玛里兰中学。在这所学校里，没有任何人可以用不同于大家步伐的方式存在。假设你是那个突出的异端，那么等待你的只有冷漠和排挤。远道而来的星星小姐并不知道这个大家墨守成文的规矩，所以她从入校的第一天，便成了学校里最格格不入的人。她穿老式的格子衬衫，在音乐课上唱歌剧，往书包上挂会响的银铃，她会在想笑的时候大声地笑起来，从不会顾忌男生们的目光……

没有人否认，茉莉长得很漂亮，可女生们却喜欢拿她的穿着说笑。每当穿着老式衬衫的茉莉走过的时候，大家都会在周围大声讽刺，“瞧，我外婆也有一件这样的衬衫……”可是茉莉依然昂着自己的头，迈着匀速的步子从大家身边经过，从不会像那些最初被孤立的女生一样惊慌失措。这点，让讥讽她的女生更加生气，她们开始寻找其他可以“修理”茉莉的方式。她们在课堂上给她难堪，可她总是能对答如流；她们想在体育课上给她制造麻烦，却没有人能够在跑步过程中追上茉莉的步伐；唯一成功的，是在午餐时间从来没有人会坐在茉莉的身边。不过，茉莉好像从来也不在乎自己身边有没有人。

相对女生的孤立而言，男生对于茉莉的存在反而能宽容一些。因为茉莉的篮球打得很棒，这点是普通的玛里兰女生做不到的，她们把太多时间花在逛街和谈论明星上。

罗兰对茉莉的好感，来自那次体育课。她被飞来的篮球打昏，在老师还没有反应过来的时候，茉莉已经背起她直奔医务室了。她从没想到，茉莉羸弱的身体能够有那么强的力量。在她意识模糊的时候，她听到耳边有茱莉的声音，“罗兰，不用害怕，一切都会好的。”那天起，罗兰开始悄悄地注意这个来自得克萨斯的女孩，她很想靠近茱莉更多一点，想跟她做真正的好朋友。

可是，她很清楚地知道，只要她靠近茱莉，她就会成为女孩们下一个孤立的对象。但她没有茱莉那么坚强。她总是偷偷地在想，如果自己跟茱莉做朋友，一定会比跟丽莎她们每天讨论那些自己不喜欢的明星和流行乐更有乐趣。

假期返校的时候，罗兰没有在座位上看到茱莉。后来，她从女孩们那里听到消息，茱莉跟着父母返回得克萨斯了。听到丽莎在那大声地说：“那个村姑，终于滚回她的农场去了……”罗兰很想冲上去争辩什么。她想告诉她们，茱莉比你们任何人都漂亮，可是她最终还是咽下了这句话。

罗兰在那天的日记里，只写下了一句话：“星星小姐，消失了……”

哲理人生

从众是一种可怕的习惯，我们压抑自己的个性，不断去模仿别人眼中被认可的样子。我们害怕去打破别人眼中评价的标准，害怕自己成为被孤立的对象。我们以为自己在学校中做的是自己，可我们在剥开了层层的外壳之后，剩下的只是一个刻板复制的程式。“星星小姐”的消失，是一种无奈的抗争……如果没有自我，那么我们还剩下些什么？

丢掉点金石

金碧辉煌的亚历山大城的图书馆失火了，无数珍贵典籍葬身火海，但有一本书幸免于难，这是一本什么书呢?

一天，一个目不识丁的穷小子花了几个铜板买下了这本书。这本书不怎么精致，却蕴藏着最令人振奋的哲理：这是薄薄的一册羊皮卷，里面记录着“点金石”的秘密。

“点金石”就是一块小石头，却能把普通的金属瞬间变成黄金。书中记载着这块石头来自黑海岸边，和其他成千上万块长得一模一样的石头混杂在一起。可是，这本书记录了一个辨别点金石的方法：点金石唯一的特性就是温热的，而其他普通的石头都是冷冰冰的。

穷困潦倒并且饥肠辘辘的穷小子整天在做着发财的梦，而且是那么执着。于是，这个穷小子孤注一掷。他卖掉了仅有的几件东西，买了简单的行装，风餐露宿，到达了目的地。他每天困了就睡在海岸上，醒来就开始测试石头的温度，寻找着点金石。

每天，他坐在沙滩上，一块一块地捡起那些石头，摸一摸，然后又丢进大海里去。他每天都重复着同样的动作，而这个动作不需要任何思考，只要一到海滩上他就习惯性地重复这个动作，一摸一扔已经成为一种本能。

终于有一天，他的手传来一股温热——他摸到了点金石。但是等他发觉，已经为时已晚。他习惯性地将点金石随手扔到了广阔的大海里。点金石已经消失在了茫茫大海中，与无数的石头混杂在一起，再也找不出来了。

哲理人生

我们日常工作和生活形成了不同的习惯。当形成的习惯是捡起然后丢掉，那么终会将“点金石”投入大海；而当形成的习惯是捡起收藏，那么普通的石头也早已筑成一座城堡。

5分钟成就一生

卡尔·华尔德是美国近代诗人、小说家，也是爱尔斯金的钢琴教师。有一天，卡尔·华尔德给爱尔斯金上课的时候，突然问爱尔斯金：“你每天一共练习多长时间钢琴呢？”

爱尔斯金回答说：“大概三四个小时。”

“你每次练习的时间都很长，对吗？”卡尔继续追问。

“我想是这样，每次差不多一小时，至少也要半小时以上，我觉得这样才好。”

“不，请不要再这样做！”卡尔·华尔德激动地对自己的学生说，“等你长大以后，就不会每天都有很长的空闲时间来供你练习了。你应该养成一种用零散的时间练习的习惯，一有空闲的时间就练习几分钟。比如你在上学之前，或在吃饭之后，或者在工作的休息时间，哪怕只有5分钟也去练习一下。如果你能把短时间的练习分散在一天里，那么弹钢琴就会成为你日常生活的一部分了。”

后来，爱尔斯金在哥伦比亚大学教书的时候，想兼职从事创作。可是上课、阅卷、交际等烦琐的事情把他白天和晚上的时间完全占据了。差不多有两年，他不曾动过笔，一直为“没有时间”而苦恼，苦苦地等着大把时间的到来。

这一天，爱尔斯金突然想到了卡尔·华尔德先生当年告诉他的那句话。他突然发觉了自己的错误，于是，他重新捡起了“短时间练习法”，只要能够抽出5分钟的时间，他马上坐下来写作，哪怕每次只能写100字或者是短短的几行。他就一直这样坚持着。在那个学期结束的时候，爱尔斯金惊奇地发现，自己竟写出了厚厚的一沓手稿。

就这样，爱尔斯金用“积少成多”的方法，创作了一部长篇小说。他每天的授课任务虽然很繁重，但是仍旧利用短暂的空闲时间来写作和练习钢琴。爱尔斯金每天的练习由无数个几分钟组成，在不断的“几分钟”的积累中他不懈努力，终于取得了丰硕的成果。

哲理人生

我们没有办法从生活中分割出一块完整的时间来供我们实现梦想。然而，当我们不断抱怨“没有时间”的时候，无数零碎分散的时间已经悄悄地从我们的指尖溜走。时间是由分、秒积成的，善于利用零散时间的人，才会取得更大的成就。

老绅士的考验

一位非常富裕也很大方可是脾气很古怪的老绅士想要找一个男仆。他的要求是，这个年轻人必须是个有教养的人。如果能满足这个条件，薪金将会很丰厚。他逐一对这些求职者进行了仔细筛选之后，确定了3个小伙子来参加最后的面试。

老绅士特意布置了一间房子，要求3个年轻人先后进屋，各自在屋里待一段时间。

亨利排在了第一位。他一进去就发现了一盘红红的樱桃，于是就忍不住了。他在心里暗暗想，这么多樱桃，吃掉一两颗别人是不会发现的。亨利心里这样想着，手里就拿起了一个最大的樱桃，放进了嘴里。但是樱桃吃下去非常酸涩，他又忍不住吐了出来。

就这样，亨利失去了这份薪金丰厚的工作。

接下来的是鲁飞斯·马克。他进屋坐在椅子上，开始四处打量这间装饰华美的房间，最后把目光落到了一个没有上锁的柜子上。他情不自禁地朝柜子走了过去，然后就拉开那个抽屉，想看看里面究竟有什么好东西。但是，他刚一拉抽屉的把手，就响起了一阵尖锐的铃声。

就在这时，老绅士走进屋，气愤地把鲁飞斯·马克也赶走了。

第三位应聘者是一个叫哈里·杰克逊的男孩。他进入房间后就静静地坐在了椅子上。20分钟过去了，他一动也没动，没有四处张望，也没有到处乱翻，只是静静地等待着下一个测试。

半个小时过去了，老绅士走进来，好奇地问他："我屋子里有那么多新奇的东西，难道你一点都不好奇，不想看一看吗？"

"不，先生，没有得到您的允许，我不能碰屋子里的任何东西。"哈里回答说，"这是我妈妈告诉我的，她说，不要在没有经过他人允许的情况下乱动他人的东西。"

老绅士热情地拥抱了哈里，说道："好孩子，如果你愿意，就请留下来吧！"于是哈里获得了这份工作。

哲理人生

不仅仅是小孩，成年人也都有好奇心，有窥探的冲动。冲动在最初往往只是无意识的行为，但渐渐地这种最初的好奇心会发展成为不良的习惯，甚至变成一种癖好。有一天，当这种习惯变成性格的时候，就成了可怕的贪婪。

穷人的习惯

目光短浅不会获得大的成功，再加上懒惰，成功就更加渺茫了。

一个穷人很穷，几乎要过上沿街乞讨的日子了。有一个好心肠的富人见他可怜，想帮他致富。于是，富人就送给穷人一头牛，嘱咐他说：“好好开荒，等春天到了就撒上种子，秋天收获了粮食，你就可以脱离穷困的生活了。”

穷人很感谢富人的帮助，开始的时候满怀希望地耕耘。可是，没过几天，牛要吃草，人要吃饭，他觉得日子更加艰难了。穷人心想，我不如把牛卖了，买几只羊，先杀一只吃，剩下的还可以养起来，长大了拿去卖，可以赚更多的钱。于是，穷人很快就付诸行动，牛卖了好价钱，买回了几只羊。他在吃了一只羊之后，左等右等小羊却迟迟没有长大，他的生活又陷入一片黑暗中。他忍不住又吃了一只。穷人想，这样下去可不好，不如把羊卖了，换成鸡，鸡生蛋的速度要快一些，鸡蛋马上就可以赚钱，日子可以立刻好转。

于是穷人又把计划付诸实践了，但是穷日子并没有得到改变。于是他又忍不住了，开始杀鸡吃肉。终于杀到最后一只鸡的时候，穷人的致富梦彻底崩溃了。他想，致富是无望了，还不如把鸡卖了，买一壶酒，喝完了做个好梦，说不定还能梦到发财呢。

很快春天来了，那个善良的富人兴致勃勃地送来种子，却发现穷人正在做梦，牛早就没有了，房子里仍旧一贫如洗。

富人无奈地转身离开了，穷人仍旧做着发财的美梦。

哲理人生

当放弃变成一种习惯时，人生便不断地走下坡路。坚持并不困难，困难的是如何克服想放弃的念头，如何给自己坚持下去的勇气。

3岁决定一生

1988年1月18日至21日，75位诺贝尔奖获得者齐聚法国首都巴黎，以“21世纪的希望和威胁”为主题，就人类将要面临的重大问题进行研讨。

会议期间，曾有记者问一位诺贝尔奖获得者：“您认为您在哪所大学、哪个实验室学到的东西最重要呢？”

这位白发苍苍的获奖者微笑着回答：“是在幼儿园。”

提问的记者愣住了，可是再看看那个获奖者一脸严肃的样子，不像在开玩笑，于是疑惑地问道：“您在幼儿园学到了什么让您受用一生的东西呢？”

科学家耐心地回答：“在幼儿园我学会了要把自己的东西分一半给小伙伴们；不是自己的东西不要拿；东西要放整齐；吃饭前要洗手；做错了事情要表示歉意；午饭后要休息；要仔细观察周围的大自然。从根本上说，我学到的就是这些东西，这些是我这辈子最大的财富，最大的收获。”

从幼儿园学到的最基础的东西，到老还记忆犹新，可见其留下的印象之深，对人的影响之大。这说明从小养成的良好习惯会伴随人的一生，随时随地都会发挥作用。正如著名教育家蒙台梭利所说：“3岁决定人的一生。”

哲理人生

“三岁看大，七岁看老”，从小时候起就养成的良好习惯，是人一生成功的基础。一个人在成长发育阶段形成的习惯个性，会影响到他未来的学习、事业、婚姻、家庭，乃至一生。

追赶时间的松山真一

松山真一是日本航空运行技术部性能组的组长。除掉组长的头衔外，他还有一项众人皆知的本事，那就是拥有和别人同样多的时间，却能比别人做更多的事。

松山真一每天必读一本书，并且读完后都会写书评，写好的书评会发送给网络和杂志。因为他的见解独特，评论精彩，那些书评经常被反复转载，有超过十万的固定读者群。

首先，松山真一每天早上6点便起床搭首班车上班。因为家离公司比较远，他在车上有将近两小时的路程，而这两个小时的时间就被松山真一利用来好好读书。读书时，他并不只是翻翻，而是像语文课本一样认真研读。

之后，8点钟到达公司，松山真一便开始全神贯注地梳理一天中决定要做的事项并逐一记在记事本上，然后标明轻重缓急程度并计划好完成的时间，每一件事的时间都精确到以分计算。这时候离上班还有一段时间，也没有人监督，但松山真一会严格要求自己像已经在上班了一样端坐在桌前。因为他的人生字典中有这么一句话：人处于什么样的状态就会有什么样的成效。

等到9点钟上班时间到了，其他同事步履匆匆地赶来时，松山真一已经在万事俱备、胸有成竹的状态中开始新的一天了。

最后，等到晚上下班回家的途中，松山真一又认真地构思早上所读书的书评。等到吃过晚饭，他往往一挥而就，很快完成一篇书评。

于是，一个充实却不忙乱的一天就这样结束了。

哲理人生

人生天地间，若白驹过隙。世界上最快而又最慢，最长而又最短，最平凡而又最珍贵，最易被忽视而又最令人后悔的就是时间。纵观那些取得成功的人们，大多数人都是因为和时间赛跑才拥有了如此的成就。这就告诉我们，在抱怨时间不够、没有时间去做某件事的时候更应该转过头好好地规划、利用时间。要知道，只有你用心地准备追赶它的时候，时间才会对你开放。

一个细节成就一个总统

美国前总统克林顿自幼丧父。他的母亲弗吉妮亚因为克林顿从小没有父亲，所以对他十分关心爱护，非常注重他的品德培养。

克林顿从政时母亲一直是他的精神支柱。在竞选总统初选胜利后的演说中，克林顿对大家说："你们想知道我是从哪里获得战斗精神的吗？一切都是来自我的母亲。"他不停地对着妈妈的包厢说："谢谢你，妈妈，我爱你。"那一瞬间，无数的闪光灯和摄像机都对准了他的母亲弗吉妮亚，掌声和欢呼声震动了大厅。

其实，克林顿从小就是一个非常孝顺的儿子，他儿时起就感受到了母亲的艰辛，所以处处想维护自己的母亲，让母亲开心。

后来，克林顿的母亲嫁给了一个叫罗杰的人。罗杰是个酒鬼，有些不务正业。克林顿6岁那一年，有一天，他同母异父的弟弟飞快地跑进屋里，对克林顿高声喊着："爸爸要杀妈妈！"只见克林顿飞快地冲出屋子，在卫生间里找到了他的母亲。此时弗吉妮亚被罗杰绑在洗衣机上。罗杰喝得酩酊大醉，正拿着一把剪刀冲弗吉妮亚的喉咙挥舞。克林顿把母亲和弟弟拉到自己身后，面对着他的继父喊道："如果你要打他们，先从我这里过去。"罗杰的酒似乎有些醒了，愣了片刻，便踉踉跄跄地出了门。

1996年，克林顿准备继续竞选美国总统，但绯闻一直在困扰着他，并给他造成了致命的打击。但意外的是，一个小动作却在关键时刻拯救了他，让他连任成功。

那是一次连任竞选演说，由美国哥伦比亚广播公司（CBS）现场转播。克林顿的旁边坐着他的夫人希拉里。突然，意外发生了，天花板上的吊灯掉了下来。在危急的时刻，克林顿的第一反应不是躲避，而是迅速地把希拉里揽在了怀里。幸好吊灯没有砸到两人，而是掉在地上碎了，克林顿和夫人都毫发无损。这惊心动魄而又感人的一幕也被电视直播出来。

克林顿的这个动作感动了很多女选民。她们奔走相告，纷纷把票投给了克林顿。最终，克林顿击败两位实力强劲的对手，连任成功。

哲理人生

习惯是一种潜移默化的力量。养成好的习惯，在关键时刻，习惯的作用会凸显，甚至会影响你人生的命运。习惯不是一朝一夕可以养成的，需要内心有强大的力量做支撑。只要我们认真做好每个细节，内心就会变得强大，成功也会不期而至。

习惯是一棵树

一天，一位睿智的学者与他的学生一起在树林里散步。学者突然停了下来，并仔细观察身边的四株植物。第一株植物是一棵刚刚冒出土的幼苗；第二株植物是一棵挺拔的小树苗，它的根牢牢地扎进了肥沃的土壤中；第三株植物已经枝叶茂盛，差不多与年轻学生一样高大；第四株植物是一棵巨大的橡树，年轻学生几乎看不到它的树冠。

学者指着第一株植物对年轻学生说："把它拔起来。"学生听话地走过去，用一只手轻松地拔出了幼苗。"现在，拔出第二株植物。"学者又命令道。年轻的学生听从老师的吩咐，稍加用力便将树苗连根拔起。"好了，现在拔出第三株植物。"学者背着一只手，指着第三株植物说。年轻学生这时候先用了一只手尝试，然后改用双手全力以赴。最后，树木总算与筋疲力尽的学生同时倒了下去。没想到这还没有完，学者看着学生扳倒了第三棵树，便踱着方步。"好了，"学者接着说，

“去试一试那棵橡树吧。”

年轻学生早已经累得筋疲力尽，这时候抬头看了看眼前如此巨大的橡树，想到自己刚才拔第三棵树时已经用尽了所有的力气，于是拒绝了学者的提议，没有去做任何尝试。“我的孩子，”学者长长地叹了口气说道，“我让你这么做是想告诉你，习惯就如同这看起来小小的一棵树苗，经过长年累月的积累，终有一天它会长到你无法撼动的地步。”

哲理人生

我们的习惯就如同植物的根一样，当它的根基越来越厚，扎在土里越来越深的时候就越难以根除。所以，为了避免坏习惯成长到故事中的橡树那般巨大而令人生畏，我们该在它萌芽的时候就尝试去改变它。习惯是一种顽强而巨大的力量，它可以主宰人的一生，因此，从幼年起就应该通过教育培养一种良好的习惯，并将坏习惯在形成之前及早去掉。

勤劳而又勤俭的台湾富商

台湾富商王永庆创办的台塑集团，经营范围十分广泛，包括炼油、石化原料、塑料加工、纤维、纺织、电子材料、半导体、汽车、发电、机械、运输、生物科技、教育与医疗事业等。尤其是在石化工业领域，王永庆建立了一体化的完整产业链，在台湾是独一无二的企业集团。台塑集团下辖9个公司，员工总数超过7万人，资产总额达1.5万亿新台币。

古之立大事者，不唯有超世之才，亦必有坚忍不拔之志。王永庆在创业期间付出了常人不曾有的勤劳，而创业成功后不骄不躁，坚持常人所没有的勤俭。正是有这种勤劳和勤俭的习惯，成就了王永庆一番大事业，也激励着无数创业者……

王永庆生于1917年，自幼因为家境贫寒，他不得不辍学，以打工来补贴家用。他15岁那年，就跟着叔叔去嘉义县城闯荡。他们好不容易在一家日本人开的米店找到了一份工作。在米店打工期间，王永庆就萌生了当老板的念头。那时，王永庆在白天干活时就特别留心看老板如何做生意，晚上就注意老板如何记账、算账。之后，就开始盘算一天所看到的事，回忆老板的一举一动，并把这些都牢牢记在心里。半年后，王永庆就将米店的生意了然于胸了。

1932年春节过后，王永庆怀揣家里仅有的200元钱，带着两个弟弟到嘉义开米店。由于本钱少，他们只能租一间很小的房子，再加上地方偏僻，来买米的人很少。王永庆仔细观察后发现，卖米有三个问题，他不断琢磨，针对三个问题想出了三个妙招。

一是提高质量。当时碾米技术落后，米里面都有很多糠、沙砾和小石头等杂物，米店不管，顾客只能买回家后自己拣。王永庆却和弟弟坚持先将米中的杂质拣得干干净净再卖。

二是送米上门。当时别的米店都不送货。王永庆看到有些年纪大的人背不动，就主动送货上门。一路上他和顾客亲切地聊天，问问一家几口人，一次买三斗米大概能吃几天……倒米前他先把米缸擦干净，把新米放在下面，陈米放在上面。他估计这些米过多少天能吃完，记在小本子上，到了日子就主动送米上门。

三是可以赊账。当时很多人家穷，米店都不赊账，往往发了工资才能去买米。王永庆的米店可以赊账，先吃米，记下来发工资的日子，等发了工资一两天后再去要米钱。

这三招使出后，米店的生意兴隆起来。王永庆和他的米店口碑越来越好，有时一天能卖出一百多斗大米，为他后来的成功奠定了基础。

后来，王永庆在事业上取得了巨大的成功，但是他早年养成的勤劳简朴的作风却一直跟随着他。王永庆有一条毛巾，使用了27年。因为用的时间太长了，毛巾十分破旧，缺边少沿，光秃秃的，而且用起来还经常刺拉皮肤。但王永庆仍舍不得扔掉，继续使用。他的太太十分心疼他，多次想拿一条新毛巾给王永庆，他却说："既然能凑合着用，又何必换新的呢。就是一分钱的东西也要捡起来加以利用，这不是小气，是一种精神，一种良好的习惯。"

很多人认为，作为台湾顶级富商的王永庆，其饮食一定是山珍海味、丰盛无比了。其实恰恰相反，王永庆和普通人一样，甚至比普通人还要节俭。

在公司，如果来了客户，王永庆很少去外面宴请，一般都是在台塑大楼的招待所内宴客。而"中菜西吃"是王永庆常采用的宴客方式。所谓"中菜西吃"就是让大家围在圆桌边，由侍者逐个分菜，一人一份，吃完再加，既卫生又不浪费。王永庆规定，在台塑集团也采取这种自助餐形式，菜与饭都是自取，分量不限，可是舀到餐盘里的饭菜绝对不可以剩下或倒掉，否则就要受罚。王永庆还提醒厨师要节约能源，他说："汤煮开以后，应立即将火关小，汤的温度达到沸点100℃以后继续烧火，那只是浪费电而已。"

王永庆在穿着方面也是十分节省。有一次，王太太发现王永庆平常穿的西装不太合身了，准备给他定做几套新西服。没想到，王永庆却说："不用做了，旧西装改一改就可以穿，又何必浪费去做新的呢？"在出行方面，王永庆也是处处节省，经常坐经济舱，不坐头等舱。到了目的地以后，一般都是选择经济型宾馆，很少住豪华酒店。

许多人都对王永庆的所作所为不太理解，认为他在衣、食、住、行各个方面过于节俭了。王永庆在接受美国圣若望大学赠授博士学位的典礼上所说的一段话，就很好地阐述了他的精神："我幼时无力进学，长大时必须做工谋生，也没有机会接受正式教育。像我这样一个身无专长的人，永远感觉只有刻苦耐劳才能补自身的不足。而且，出生在一个近乎赤贫的环境中，如果不能刻苦耐劳简直就无法生存下去。直到今天，我还常常想到曾经困苦的生活，那也许是上帝对我的恩赐。"

哲理人生

成大事者，必先有德。而一个人的德是在日常的行为中培养起来的。勤劳和勤俭都是中华民族的传统美德，"打江山"之前我们需要这种美德，否则"江山"打不下来；"打江山"之后我们也需要这种美德，否则"江山"守不住。当这种美德成为习惯，也就成了财富的源泉。

第五章

责任成就自我

责任，是一个人品格和能力的载体，更是走向成功不可缺少的素养。一个人是否具有责任心，将影响到人生的成败。因为，责任感这一特质可以派生出许多有助于社会和个人发展的重要特质，比如勇于担当、自律、守信、忠实于信念和情感等。

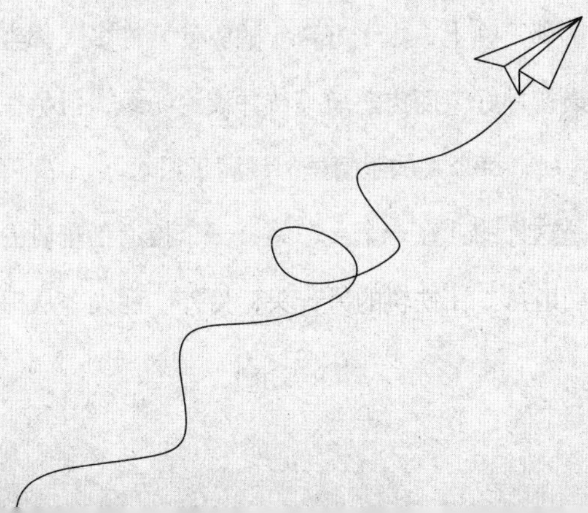

生死攸关的时刻

德国一家电视台推出一个征集“十秒钟惊险镜头”的活动，征集活动一时成为人们关注的焦点。在诸多参赛作品中，一个名叫《卧倒》的镜头吸引了评委们的眼球，最终以无可置疑的绝对优势获得了冠军。而拍摄这短短10秒钟镜头的摄影者却不是什么名家，只是一位名不见经传、刚刚踏入工作岗位的年轻人。

对于这位小人物和他的作品，大家都拭目以待，希望一睹为快。终于在几个星期以后，这个10秒钟镜头在电视的强档栏目中播出。

首播的那天晚上，由于好奇心的驱使，许多人都坐在电视机前等待着。大家最初是好奇而焦急地等待并议论纷纷，但是在节目播出的那短短10秒钟之后，每个人的眼睛里都浸满了泪水。

镜头是这样的：在一个火车站，一个扳道工正要去为一列徐徐开来的火车扳动道岔。在铁轨的另一头，另外一列火车从相反的方向徐徐滑进了车站。这时，那名扳道工无意中回头一看，却发现自己的儿子正在铁轨那一端玩耍，丝毫没有注意到正进站的火车。

这个瞬间对于扳道工内心来讲可能是一辈子最难做决定的10秒钟：假如他不扳道岔就能解救自己的儿子，但不及时扳道岔，两列火车必定相撞，造成的伤亡就不是一两个人了。是抢救儿子，还是扳道岔来避免一场灾难？最终，扳道工威严地朝儿子大喊了一声“卧倒！”然后飞快地冲过去扳动了火车道岔。

一眨眼，两列火车交错而过。车上的旅客丝毫不知道刚才自己的生命曾经面临绝境；他们也丝毫不知道，刚才有一个小生命卧倒在铁轨中间。幸好卧倒在铁轨中央的孩子毫发未伤。

观看了节目的人们纷纷猜测，那个扳道工在那一时刻表现得那般伟大，生活中一定是一个非常优秀的人。但后来，随着记者的追踪报道，人们才逐渐知道：那个扳道工只是一名普普通通的工人。他忠于职守，从来没有在工作中耽误过一秒钟。

哲理人生

如果真用“伟大”来形容一个人，那一定是他在某个危急时刻，做了一个举足轻重的决定。而这个决定即使损害了自己的利益，却对别人生死攸关，给别人带来了生的机会。

半瓶矿泉水

在一次海难中，整艘船只有8个人幸存下来。他们挤在一只救生艇上，在海上一连漂荡了8天。让人难以想象的是，这8天来供他们维持生命的只有半瓶矿泉水。

那是一次异常惨烈的海难，海水不仅卷走了所有的食物、行李，还带走了船上很多人的生命。在灼热的太阳暴晒下，经过与死神殊死搏斗而幸存下来的8个人都死死地盯着那半瓶弥足珍贵的矿泉水，每人都恨不得能抢过来将它一口喝下去。为了压制住大家的欲望，也为了让这幸存的8个人继续活着等待救援，船长不得不拿着一杆长枪守卫着这半瓶矿泉水。

就在船长累得打盹儿的时候，坐在他对面那名50岁的秃头男人猛地扑了过去，一把抢过矿泉水。要知道，他早虎视眈眈地盯着那半瓶可怜的矿泉水多时了，只是船长握枪守卫得极为警觉。现在船长打盹儿可真是不错的抢夺机会啊。原本打盹儿的船长却突然醒了过来，他一把抓住那秃头男人，随即用枪管抵着他的脑门厉声命令道："放下，否则我就开枪了！"秃头男人看着船长坚定的眼神，知道不是吓唬他的，便乖乖地把水放下。由于有了前车之鉴，船长便命秃头男人坐到离矿泉水最远的地方，并且警觉地将枪管搭在了矿泉水的瓶盖上，随时留意着每一个人的举动。

然而，体力和精力都逐渐虚弱的船长后来实在顶不住了，昏了过去。让人意想不到的是，就在船长昏过去的前一瞬间，他把枪扔到了秃头男人的手里，并虚弱地说了一句："你看着吧！"

秃头男人接过枪后，心理马上就产生了很奇妙的变化。他突然觉得自己伟大起来，因为要知道这些人的命可都握在自己手里啊。所以，他不再打水的主意，而是在接下来的几天里尽心尽力地看着那剩下的半瓶水。每隔两小时，他就拿着水往每人的嘴里滴上两滴，而自己也绝不会多给自己一滴。就在第四天的时候，他们终于获救了，而那让他们维持生命的水居然还剩下不少。

哲理人生

人一旦被赋予了某种责任，有责任心的人马上就会意识到自己的行为将对别人造成什么样的影响。尤其是处于危难时期这种特殊的环境中，当团队或者别人的命运都掌控在你手里的时候，这种责任会变得更加伟大而神圣。责任就是这样具有改变一个人的神奇力量。

35 个紧急电话

莱丝是一名美国记者，她的丈夫是日本人。这天，她到东京做采访，正好顺路去看望婆婆。她打算买件礼物送给婆婆，于是来到附近的奥达克百货公司。最后，她选中了一款唱机，于是决定买下来。

百货公司的售货员笑容可掬地为她挑选了一台未启封的唱机。莱丝回到住处，拆开包装准备试听。没想到，唱机只是个空壳，没有内件，连玩具都不如，根本无法使用。

莱丝火冒三丈，幸好自己拆开看了，如果原封不动地送给婆婆，那不是很难堪，婆婆肯定会认为自己没有诚意，故意耍她。丈夫也会生气的。她准备第二天去百货公司交涉，同时，连夜写了一篇新闻稿，叫“笑脸背后的真面目”。心想，无论如何都要揭发这种诈欺行为。

第二天一大早，莱丝还没吃早餐，一辆汽车停在她的住处门口，车里走出两个人。莱丝一眼认出，后面拎大皮箱的正是奥达克百货公司的售货员。另一个彬彬有礼的中年男人自称是百货公司的经理。他同售货员俯首鞠躬，连连道歉。莱丝被弄迷糊了，自己刚刚到东京，真不知道他们是怎么找到自己的。

这时候，售货员打开记事本，讲述了事情的经过。

原来，昨天下午清点商品时，售货员发现把一个空心的货样卖给一位顾客了，感觉此事非同小可，立刻报告了总经理。总经理听后，不容分说，马上召集有关人员商议，要求一定要尽快找到那位顾客，赔付商品。公司立刻向各大宾馆打电话查询，查找一名叫莱丝的美国客人，一共打了32次紧急电话，但都没有结果。他们只好再打电话给美国的快递公司，在当晚深夜接到回电，得到了莱丝美国父母家的电话。他们马上又打电话到莱丝父母家里，得到了她东京婆婆家的电话，终于找到了她的住处。这期间总共打了35个紧急电话。

莱丝被这家公司的诚意打动了，立即重新写了篇新闻稿，题目是《35个紧急电话》。这篇文章刊出后，提高了奥达克百货公司的声誉。

哲理人生

大多数公司遇到这种情况都是等着顾客找上门，再为对方调换商品。但这样不负责的态度，给顾客带来麻烦的同时，也势必损害自己的声誉。奥达克百货公司的相关人员本着对顾客负责的经营理念，历尽周折连夜找到顾客，在第一时间将歉意送到，以诚意打动了顾客，把失误转变成一个为公司树立美好形象的契机。负责到底的决心使坏事向好的方向发展。

丢失的佛珠

从前有一座庙，里面住着一位老住持和几个年轻的和尚。他们在这里修行，并把传说中菩萨戴过的一串佛珠供奉在大殿里。和尚们打坐念经，时不时外出化缘，也帮助附近的人们做些善事。他们认为，这都是菩萨的佛珠冥冥中指引着他们向佛的境界修行的。

一天，老住持突然召集大家，对他们说："菩萨的佛珠不见了！"

年轻和尚们一听全都慌了，没了佛珠怎么修行呢？谁来指引我们呢？再说，佛珠怎么会不见呢？整座庙只有一个大门，一天到晚都有和尚轮流看守，外人根本进不来，要是偷，也是内贼干的。

老住持平静地说："给你们七天的时间静思，反省自己的错误，只要拿佛珠的人自己主动承认，以后好好地珍惜这串佛珠，我就把佛珠送给他。"

于是，年轻的和尚们在大殿打坐。第一天，他们还互相询问："会是谁呢？谁这么贪心？”

第二天，他们不再议论了，而是戒备地看着彼此。他们开始互相怀疑，生怕一说话就会被牵连。他们谁也不理谁，每个人都紧紧地把自己包裹起来，跟其他人保持距离。

这样过了七天，没有一个人站出来。

看到这种情形，老住持说：“好了，你们都坚信自己是清白的。看来，你们的定力已够了，佛珠都不曾诱惑你们起贪心。明天早上，你们就可以离开这里了，修行可以告一段落。”

为了表明清白，和尚们连夜整理好行囊，第二天一早，就纷纷下山去了。只有一位双目失明的和尚依旧不动，坐在菩萨面前念着经。这下，其他和尚都松了口气，小偷终于现形，自己承认了。

老住持和那些无辜的和尚们道别后，转回身问盲和尚：“为什么你不离开，难道佛珠真是你偷的？”

盲和尚答道：“佛珠没了，佛心还在，我为修养佛心而来。不会为了表明自己清白而轻易离开。”

“既然你没拿，为什么要留下来承受怀疑，承担佛珠丢失的责任？”老住持问。

盲和尚回答：“在过去的七天中，师兄弟们互相怀疑，这种不信任很伤人的心，自己的心还有别人的心，需要有人先承担才能化解怀疑。”

听到这里，老住持长舒了一口气，然后从袈裟中拿出那串佛珠，郑重地戴在盲和尚的颈上，说："佛珠还在这里，因为只有你学会了承担，你将是这座庙的新住持！"

当其他和尚为了澄清自己纷纷离开后，盲和尚却没走，因为佛珠还没有找到。如果他也走了，就没有人承担这个丢失的责任，佛珠永远也不会再现了。于是，他留了下来，不怕被人误解是小偷，只为承担起找到佛珠的责任，并化解师兄弟之间的怀疑。这证明了他是一个心胸远大、勇于承担的人，所以，也只有他才能担起新住持的重任。这次测试中，他以责任心获胜。

哲理人生

一个人是否具有责任心，将影响到事业、生活的成败。因为，责任感可以派生出许多有助于社会和个人发展的重要特质，比如：敢担当、自律、守信用、忠实于信念和情感等。

说了，就该对它负责

海拉蒂对植物非常着迷，她甚至觉得自己肯定能和那些花草对话，回到家后便让爸爸一定要给她买一盆鲜花。

爸爸听说后很高兴，便答应下来。周末的时候，爸爸带海拉蒂到花卉市场买了一盆她最喜欢的花，并和海拉蒂约定：从现在开始，这盆花就完全归海拉蒂所有，但是她也需要为自己的这种拥有承担责任，那就是定期给它浇水、施肥，并做好每天的记录。

在开始的几天里，处于新鲜期的海拉蒂非常兴奋。她每天都会小心翼翼地给小花浇水，还会根据日照情况不断给花盆挪动位置，并且拿出本子认真地记下花卉生长的情况。海拉蒂所表现出的责任心，也让父亲十分满意。

可是没过多久，海拉蒂的父亲发现她给小花浇水的次数越来越少，甚至有的时候还会连续几天都不给小花浇水，记录就更别提了。

那天吃过晚饭，父亲把海拉蒂叫到阳台，假装什么都不知道地问她："你的花怎么样了，今天你给它浇水了吗？"海拉蒂这时候才想起小花来，也意识到自己的疏忽，便低着头说："没有。""为什么没有？"爸爸严肃的态度让海拉蒂不好意思起来，她支吾着说："我……"然而爸爸并不理会她的不好意思，厉声说道："我们在买花的时候，不是说好了吗，由你对花负责，你都忘了吗？"海拉蒂觉察到自己的失职，低头不语。"花儿也是有生命的啊！你看，这盆花现在多伤心难过啊！它的脸色那么枯黄，叶子快蔫掉了，它已经不再美丽。而这，都是因为你没有对它的生命负责的缘故。"

海拉蒂看着"憔悴"的小花，后悔地哭了起来。从这以后，她每天都会坚持给花浇水，并且比此前照顾得更加周到。不久之后，小花又恢复了原来的生气，如过去一样美丽。

这个从爸爸的教诲中懂得了要对有生命的植物负责的海拉蒂，长大以后成了植物学家。当她回忆自己之所以有这番成就的时候，总是深有感触地说："对每一朵小花负责，实际上是对生命负责。"

哲理人生

生活中，我们太容易忽视的就是自己的责任。其实，责任往往就体现在细微之处，我们只有学会在细微中拾起自己的责任，从小学会对小事负责，长大后才堪当大任。

去为老板买包烟

沃尔玛商场要招收一名收银员，无数年轻女孩去应聘，经过筛选，最后只剩下三位女孩有资格参加复试。

老板亲自主持复试。

第一位女孩听到传唤，推开老板办公室的门。没想到，刚一进门，老板也不问她姓名简历，便丢过一张百元钞票说：“麻烦您到楼下帮我买一包香烟。”

女孩一怔，心想：我才刚刚来应聘，并不是你手下的员工，你这样颐指气使地命令我做这种跑腿的事，是对我不尊重。在这种没素质的老板手下工作，这份工作不要也罢。想到这里，她怒气冲冲地转身就走，边走边气呼呼地咒骂：“哼，凭什么支使我，每个人都有尊严的，我来工作，用劳动换取报酬，并不是来乞讨的！”

不知道的人还以为她受到了多大的羞辱。

第二位女孩走进办公室，老板如法炮制，将钱丢过来。钱还掉到了地上。女孩没有生气，笑眯眯地接过钱。不过，钱刚一到手里，她就发现是假币。但她没有表现出惊讶来，而是转身下楼去买烟。她用自己的100元真钞为老板买了包烟，还把找回的钱交给了老板。她急需这份工作，只好先自己搭上100元钱。

不过，她这么卖力却没被录用。老板录用了第三个女孩。那么，第三个女孩是怎么做的呢?

第三个女孩接过钱，发现是假币，立刻微笑着把钱还给老板说："这张钞票有些问题，请您另换一张给我。"

老板开心地接过假钞票，立刻与她签订了聘用合同。她成了沃尔玛的收银员。

哲理人生

第一个面试者的心态，是多数老板最害怕的类型，毕竟，只会用情绪来处理事情的人，谁也不敢将工作托付给他。第二位面试者的处理方式，则是最不专业的表现，虽然委曲求全的人比较有敬业精神，但万一真的遇到重大问题，老板需要的不是员工的委屈与退缩，而是冷静与理性的办事能力。于是，第三位面试者成功了，因为在这件小事上，她充分表现出了责任心和专业素养。

165张“请假条”

38岁的王秀珍是一位普普通通的送奶工。19岁时，她从遥远的家乡嫁到现在生活的城市，没想到，在孩子9岁时，丈夫与她离婚，另外组成了家庭。她本身没有学历，也没有什么特长，还要带着孩子在这个举目无亲的城市里生活，为此，她吃过许多苦。

她和孩子租住在一个平房的插间里。为了抚养孩子、维持生活，她到处打零工，做钟点工、擦皮鞋、做清洁工、在饭店做服务员、街头发传单，什么活都做过。2008年，她应聘到一家奶业公司做送奶工，很快就开发了一个社区的一百多位固定订奶户。她每天深夜2：30起床，把奶送到订奶户的奶箱里，这工作要在7：30之前结束。因为她知道，人们都希望早上能喝到新鲜的奶。腾出一整个白天，她再去做钟点工。

这天早晨，她正在送奶途中，忽然接到老家打来的电话，说她父亲去世了，叫她赶快回去奔丧。她听到噩耗，极度悲伤，但还是坚持把余下的奶全部送完，才去火车站买票。

在车站等车的时候，她想到明天那些订奶户无法及时喝到奶了，非常着急。于是，她一边等车一边写下了165张“请假条”。“对不起，我父亲去世了，11月30日至12月6日停奶，12月7日照常送奶。送奶工。”写完后，她叮嘱儿子一定要挨家挨户贴上，一家也不许落下。

第二天早上，人们打开门取奶时，看到了奶箱上贴的这张请假条。人们被这简简单单的一句话感动了。“这位送奶工，父亲去世了，还没忘记我们这些订奶户，这么冷的天，还连夜通知我们。真是太让人感动了。”

订奶户们把心声反馈到奶业公司，公司的领导也很感动。在王秀珍服完丧回来后，正式聘用她为本片区奶站的站长。现在，王秀珍有了固定工作和固定收入，经济条件比起以前好了许多，母子俩的生活也改善了。

哲理人生

王秀珍没有什么学历，更没有什么理论知识，但她有敬业精神和强烈的责任心。她知道早早把奶送到，人们就能喝到新鲜奶，她知道如果奶放到晚上再喝，就会变质。即使是遭遇丧父之痛，她也没忘记留言给客户。她以低微的身份赢得了人们的敬重，也得到了公司的认可，为自己的生活带来了一份意外的惊喜。

爸爸的责任

一场8.2级的地震不请自来，在不到四分钟的时间里，美国的小石镇几乎完全被掩埋在地下，有三万多人不幸丧生！

在那阵令人心悸、使人疯狂的剧震之后，一位幸存的男子将他在地震中受伤的妻子安置在某个安全地带，便转身跑向了儿子所在的学校，然而他看到的却是被夷为平地的校园。

看到这令人心碎的一幕，他想起自己曾经对儿子做出的承诺：“不论发生什么事，我都会在你身边。”而这时，在儿子最需要父亲的时刻，自己却没有守在他的身边给他勇气，给他力量，给他庇护的港湾。想到这里，父亲泪流满面，心如刀绞。对儿子的责任让他心里搅动起来，久久不能平静。

于是，赤手空拳的父亲马上动手挖掘。这时候，其他的学生家长也陆续赶到了现场，他们都悲痛欲绝地哭喊着“我的儿子呀”“我的女儿呀”。当他们看到已成废墟的校园时，差不多都陷入了绝望，认为自己的儿女应该没有幸存的希望。有些好心的家长甚至还试图把这位只身挖掘的父亲劝离现场。面对种种劝慰，这位父亲置若罔闻，仍旧奋力挖掘着。

不久，消防队的队长赶来了，他也试图把这位倔强的父亲劝走，于是对他说道：“这里火灾频频，时时处处都可能发生爆炸，你留在这里太危险了。这里的事我们会处理，你赶快回家吧！”这位父亲却仿佛不明白他话里的意思，只是反问道：“你们要帮助我吗？”

为了尽到一个父亲守护孩子的责任，这位父亲一个人不停地挖着。他根本没有去考虑这片已是废墟的房子下面会不会有什么生命能够存活下来，他满脑子都是对儿子的责任。

时间一分一秒地流逝，挖掘的工作连续不断地进行了38个小时。突然，在父亲推开了一块大石头之后，竟然隐约听到了儿子的声音。这位惊喜的父亲狂叫着：“阿曼！阿曼……”而他也听到了儿子的回答：“是爸爸吗？我是阿曼！我告诉其他小朋友说，只要你活着，就一定会来救我的。你做到了，爸爸！我为有你这样的父亲而骄傲。”

哲理人生

有人说责任是压在肩上的一副重担，还有人说责任就是无论什么时候、无论什么情况下都不能丢失的一种信念。在这个故事中，我们不仅看到了父爱的伟大，也看到了父亲对于责任的看重。正是他对责任的这种执着，让他救出了自己的孩子。

一辈子不弃

有个年轻人觉得生活非常沉重，感觉压力越来越大，于是，他开始寻找解脱的方法。就在他迷茫不知所措的时候，遇到了一位禅师并向禅师请教。

禅师听完他的问题之后没有说什么，只是给了他一个篓子要他背在肩上，并指着前方一条崎岖的山路说："你每向前走一步，就弯下腰去捡一颗石子放到篓子里，然后体会其中的感受。"

年轻人虽然不明就里，还是照着禅师的话做了，他每向前走一步便捡一块石子放到背上的篓子里，直到篓子里装满了石子，再也走不动了才停止。这时候，禅师问他这一路走来有什么感受。他一脸困惑地回答说："感到越走越沉重。"

禅师微笑着对他说："每个人从一生下来，实际上就背负着一个空篓子而来。我们每往前走一步，就会从这个世界上捡起一样东西放进去，因此才会有越来越累的感慨。”

年轻人听后思索片刻又问：“那么有什么方法可以减轻人生的重负呢？”

禅师没有回答，只是反问他道：“我想请问你，你是否愿意将名誉、财富、家庭、事业、朋友从你的人生中拿出来舍弃掉呢？”

年轻人张着口，答不上来。

禅师点点头，意味深长地说：“我们每个人的篓子里所装的，都是你在这个世上苦苦寻来的东西。一旦拥有了它，你就要对它负责任，一辈子不弃。所以生活有压力，越走越沉重这是一种人生的必然。”

哲理人生

责任是人生路上必须背负的压力，是人生如影随形的伴侣。因为冥冥之中已经注定有些东西我们一辈子都不会舍弃，所以责任于我们来说也是一辈子不能舍弃的宝贵财富。

生命中最大的危险是什么

约翰和大卫在一次旅行中需要翻过一座雪山。行到山腰时，他们不幸遇上了可怕的暴风雪，于是他们两人奋力赶往营地。

可就在他们艰难地转过一段悬崖时，突然听到崖下传来了微弱的呼救声。约翰对大卫说："这时候管不了他了，否则我们都会冻死在这里，愿上帝保佑他吧！"可向来对生命负责的大卫却说："我不能让他就这样死去，上帝让我们发现他，或许就是派我们来拯救他的。"

"你还是先拯救自己吧。"约翰听完了大卫的意见之后，冷冰冰地抛出了这样一句话。在确认无法说服大卫后，约翰毅然决定和大卫分道扬镳。约翰继续在齐膝深的雪中艰难前行，大卫则选择了留下来帮助那位求助者。经过艰难的尝试，大卫终于从悬崖上爬了下去，看到了那名伤者。

当时那名伤者的情况非常危急，他的一条腿已经摔断，根本没法走路。大卫于是把可以御寒的风衣撕成布条，拧成绳子，然后将伤者绑在自己的背上开始往悬崖上爬。经过艰难的跋涉，大卫和伤者总算爬过了悬崖。他们顺着约翰留下的足迹继续赶路。

这时天已经完全黑了下来，风雪也越来越紧。有好几次，大卫跌倒后就不想再动弹了，因为太累，太倦，太冷了。但是每次只要一停下来，他就会想：我还背负着另外一个生命啊，所以我一定要咬牙走出去。

终于，在抬头的一瞬间，大卫远远看见了黑暗中的一缕灯光。他心中惊喜，知道自己已经走出了绝境，走到营地就有救了。就在这时，他被什么东西给绊倒了。扒开积雪，大卫赫然发现，绊倒他的竟是已被冻死的约翰。

后来有人问大卫："生命中最大的危险是什么？"

大卫给出的答案居然是："生命中最大的危险，就是没有负担。"

哲理人生

生活中的我们总是抱怨"负担太重，压得人喘不过气来"，却根本没有意识到，没有负担并不是一件好事，有时甚至可以说是一种危险状态。因为关键时刻，能够救我们于危难中的恰恰是你所肩负的责任。虽然负担让我们活得很累，走得很沉重，但是它还充当着驱动力的角色。所以，感谢负担吧！人有了负担和责任才能走得更远，才能突破生命的瓶颈。

被总统看好的女管家

著名经济学家葛尔布莱有一位不可多得的好管家，这位女管家为人精明干练，忠实可靠。那个秋天，葛尔布莱被邀请去各国讲学，因此他一直在忙碌辗转中，身心疲惫。讲学的间隔，葛尔布莱总会抽时间回到天堂一样的家里休息几天。每每这个时候，他为了能更好地休息，都会特意对女管家交代：我现在在休息，所以，无论是谁来电话，都不要打搅我。

有一次，葛尔布莱刚刚睡下，急促的电话铃声就响了起来。女管家拿起电话轻声地询问："您好，这里是葛尔布莱的家，请问您是哪位？"谁也没有想到，电话那头居然传来了总统的声音："我是约翰逊，请找一下葛尔布莱先生。"女管家先是一怔，随即却用温和而委婉的语气说："总统先生，请您原谅。葛尔布莱先生刚刚从国外讲学回来，他很疲惫，现在刚刚睡下，所以我暂时还不能叫醒他。"

总统一愣，但真的是急事，语气便显得更加急了："我有要紧的经济政策问题要同他商量，请您把他叫醒吧。”

谁知女管家却不买总统的账，只是不紧不慢地解释说：“这我真的帮不了您，总统先生。您知道，他身体本来就有些不适，加上最近的劳累更需要休息。刚才他休息前还特意嘱咐过我呢，别让任何电话打扰他。不过请您放心，等他醒来之后，我一定将您打来紧要电话的事情告诉他。而且我想，等他休息好之后，头脑会更加清醒，也会有更充沛的精神同您讨论这些经济政策问题吧。您说对吗，尊敬的总统先生？”女管家合情合理的一番话，让约翰逊心服口服。

等葛尔布莱睡醒后，知道总统曾在自己睡觉期间打来约见电话，马上赶去见了约翰逊。葛尔布莱有点不安地向总统表达了歉意。然而，令葛尔布莱诧异的是，约翰逊总统不仅丝毫没有怪罪的意思，反而对女管家大加赞赏：“从女管家的角度出发，她的确应该这样做。我不仅能理解她，更为她忠于职守的精神所感动。”让人意想不到的是，总统还向葛尔布莱提出了一个不情之请：“如果你愿意的话，伙计，请让你那位女管家来我这里工作，白宫需要她这样的人。”

哲理人生

这就是责任的魅力所在，它能给人充分的信任感和安全感，能使一个平凡的人变得伟大。因为责任不仅是一种忠于职守的姿态，更是一种宝贵的品质。懂得责任，你才会更清楚地知道自己的身份，才会更有效地发挥出自己的价值，才会找到正确的人生坐标。

言而有信

查尔斯·詹姆士·福克斯是英国著名政治家，他以言而有信获得了政界的赞誉。每当他谈起诚信时都会回忆起小时候发生的一件事。那件事对他的人生影响重大。

在他只有六七岁的时候，有一次，他的父亲老福克斯要把花园里的小亭子拆掉，再另外建一座大亭子。小福克斯对拆亭子的事情非常好奇，想亲眼看看建筑工人是怎么把亭子拆掉的。于是，他央求父亲，拆亭子的时候一定要叫他。这件事说完以后，小福克斯就跟着祖母去亲戚家了。临行前，小福克斯非常郑重地央求父亲，一定要等他回来再拆亭子。老福克斯自然没把小孩的话放在心上，敷衍了几句："好吧，等你回来再拆亭子。"

不巧的是，他刚走一天，父亲找的工人就到了。老福克斯指挥着工人按计划拆掉旧亭子，准备盖新亭子。小福克斯回来后，见旧亭子已经拆了，非常难过。吃饭的时候，他实在绷不住了，就悄声对父亲说："你说话不算数！"

父亲很奇怪，问："不算数？怎么不算数了？"他早已把前几天的承诺忘得干干净净了。"说好等我回来再拆亭子，可你没做到。"小福克斯有些生气地说。

老福克斯没有因为这是童语而一笑置之，相反，他前思后想，觉得的确是自己没有做到言而有信，他决定向儿子认错。"爸爸错了，我应该对自己说过的话负责！"说完，他再次找来那几个工人，让工人们在原来旧亭子的位置上，重新盖起一座和旧亭子一模一样的亭子，然后当着小福克斯的面把亭子拆掉了。小福克斯终于看到了工人们是怎么拆亭子的。

人们对老福克斯的举动感到莫名其妙：只是小孩子的话而已，何必这么当真？但老福克斯说："言而有信，对自己的言语负责，这一点比万贯家财更为珍贵。"父亲这句话让小福克斯受益终生，"对自己的言语负责"也成了小福克斯一生信奉的行为准则。

哲理人生

责任心无处不在，它不仅体现在做事情、对待人、对待感情，以及对于犯了错误后果的承担上，它还体现在对言语负责。言语是看不见、摸不到的东西，但它却让听者有所记忆。做过的事要负责，说过的话同样也需要负责。

对自己的行为负责

这天还没到放学时间，格里就哭着回到了家里。而送他回来的是学校里的一位老师。格里的母亲萨利特斯见状焦急地询问老师，格里在学校里到底发生了什么事。

老师告诉格里的妈妈：放学前每个小朋友都乖乖地在排队，唯独格里不仅不好好站队，还在队列中窜来窜去。后来不知为什么，他竟然和队里的一个同学打了起来。老师为此批评了格里几句，没想到他居然没完没了地大哭起来，一边哭还一个劲地嚷："我没错！我没有打他！"

"怎么回事？"回家之后母亲想听格里亲口说说当时的情况。

"我不小心和马克撞了一下，结果马克就很使劲儿地推我。我很生气就踢了他一脚，结果马克就哭了起来。老师也不分青红皂白就批评我。"格里显得很委屈，几次重复着那句话："是他先推我的！"

听到这里，格里的母亲差不多已经了解了事情的原委。她并没有像别的父母那样开始责骂马克，而是语气平和地问格里：“那么你呢，你就没有一点责任吗？”

“没有！不关我的事，是马克先推我的！”固执的格里还大声为自己辩解。

“要是那个时候你听老师的话好好排队不乱跑，你就不会撞到别人。”听了母亲的话，格里默不作声了。

“你现在好好想想，难道这件事情真的就全是马克的责任，你还是觉得自己一点责任都没有吗？格里，你要知道自己是男子汉，是敢做敢当的男子汉。妈妈要你记住，以后不论发生什么事情，都不要把责任全部推到别人的身上，而是要先看看有没有自己的原因在里面！男子汉做事情要勇于承担责任，承认自己的错误，而不是简单地推卸责任，更不能哭鼻子。”母亲严肃地教导格里。

听着妈妈的话，格里渐渐意识到了自己的错误。他歉疚地看着妈妈，乖巧地对妈妈说：“妈妈，你放心，以后不管发生什么，我都一定会对自己的行为负责的！”

哲理人生

面对事情的时候，很多人都习惯性地站在自己的立场上考虑问题，而没有先审视自己，勇于对自己的行为负责。如果一味地这样思考问题，那么在人生的道路上又怎能真正地担起对自己、对他人的责任呢？

艾尔森的发现

美国著名心理学博士艾尔森曾经做过一个统计，他对全世界100名在各行业取得成就的杰出人士做了问卷调查，得出了一个让人十分惊讶的结论：其中61名杰出人士承认，他们所从事的职业并不是他们内心最喜欢做的，他们的兴趣并不在那上面。

艾尔森博士又走访了多位商界英才。其中纽约证券公司的金领丽人苏珊的经历，为他寻找到满意的答案提供了有益的启示。

苏珊出身于中国台湾一个音乐世家。她从小就受到了很好的音乐启蒙教育，自己也非常喜欢音乐，甚至期望自己的一生能够驰骋在音乐的广阔天地中。后来她却阴差阳错地考进了大学的工商管理系。一向做事认真的她尽管不喜欢这一专业，仍然刻苦地学习，每学期各科成绩都非常优秀。毕业时她还因为成绩优异被保送到了美国麻省理工学院。后来，她又以优异的成绩拿到了经济管理专业的博士学位。

在配合艾尔森博士做这项调查时，她依然心存遗憾地说："老实说，迄今为止我仍不喜欢自己所从事的工作。如果能够让我重新选择，我肯定还会毫不犹豫地选择音乐。"艾尔森博士直截了当地问她："既然你不喜欢自己的专业，为何你学得那么棒？既然不喜欢眼下的工作，为何你又做得那么优秀？"苏珊的眼里闪着自信，十分明确地回答："因为一旦我处在了那个位置上，那里就有我应尽的职责，为此，我必须认真对待。不管喜欢不喜欢，那些职责都注定了是我自己必须要面对的，没有理由草草应付。所以，我必须尽心尽力，尽职尽责。"

既然因为种种原因我们被安排到了自己并不十分喜欢的领域，从事了并不十分理想的工作，那就不该有任何的抱怨、消极和懈怠。唯有把正在从事的这份工作当作一种不可推卸的责任担在肩头，全身心地投入其中，才是正确与明智的选择。

正是在这种"在其位，谋其政，尽其责，成其事"的高度责任感的驱使下，这些成功人士才取得了令人瞩目的成就。

哲理人生

生活和工作，我们不一定喜欢，但是我们必须要承担，并要在承担的基础上将它们做好，这就是责任的含义。责任在肩并勇于承担，时刻想着圆满地完成自己应尽的责任，才能在自己的位置上取得成功，创造奇迹。

“诺曼底”号遇难记

1870年3月17日夜晚，发生了震惊世界的“诺曼底”号海难。

全速前进的“玛丽”号当时来不及转舵就向“诺曼底”号的侧舷撞了过去，在它的船身上剖开了一个大窟窿。

由于这一猛撞，“玛丽”号自己也受了伤，终于停了下来。“诺曼底”号上有1名船长，28名船员，1名女服务员和31名乘客。

震荡可怕极了。刹那间，男人、女人、儿童在这种震荡中惊醒，都奔到了甲板上。人们半裸着身子，奔跑着，尖叫着，哭泣着，惊恐万状，一片混乱。而海水汩汩地透过撞出的窟窿往里灌，汹涌湍急，势不可当。轮机火炉被海浪呛得“嗞嗞”地直喘粗气。

船上没有封舱用的防漏隔墙，预备的救生圈也不够用。

“诺曼底”号的哈尔威船长站在指挥台上，大声喊道：“全体安静，注意听命令！把救生艇放下去，妇女和儿童先走，其他乘客跟上，船员断后。我们必须把60人全部救出去。”

实际上船上一共是61人，但是船长把自己给忘了。

船员听到船长的命令之后，赶紧解开了救生艇的绳索。可是为了逃命，大家一窝蜂地拥了上去，那股你推我搡的势头险些把小艇弄翻。奥克勒福大副和3名二副在那里拼命想维持秩序，但整个人群因为猝然而至的变故简直像疯了似的不守秩序，乱得不可开交。

就在这时，哈尔威船长威严的声音压倒了一切呼号和嘈杂声，黑暗中人们听到这一段简短有力的对话：“洛克机械师在哪儿？”

“船长叫我吗？”

“炉子怎么样了？”

“被海水淹了。”

“火呢？”

“灭了。”

“机器怎样？”

“停了。”

船长喊了一声：“奥克勒福大副！”

大副回答：“到！”

船长问道：“我们还有多少分钟？”

“20分钟。”

“够了，”船长说，“让每个人都下到小艇上去。奥克勒福大副，你的手枪在吗？”

“在，船长。”

“哪个男人胆敢抢在女人和儿童前面上小艇，你就开枪打死他。”

拥挤而喧闹的人群顿时不出声了，所有的人都静静地听从船长的指挥，没有一个人违抗他的命令。人们感到有一个伟大的灵魂出现在他们的上空。受了伤的“玛丽”号也放下救生艇，赶来搭救那些由于它肇事而遇难的人员。

于是救援工作进行得井然有序，几乎没有发生什么争执或殴斗。

哈尔威船长在整个过程中一直巍然屹立在他的船长岗位上，指挥着，命令着，领导着大家。他把每件事和每个人都考虑到了，唯独忘记了他自己。

在面对惊慌失措的众人时他镇定自若，仿佛他不是指挥疏救人群而是在给灾难下达命令。

过了一会儿，船上的乘客几乎都已经疏散到小艇上之后，他喊道：“把克莱芒救出去！”克莱芒是名见习水手，还是个孩子。一个接着一个，船上的其他人员在忙着撤离，而轮船在深深的海水中慢慢下沉……

人们尽力加快速度划着小艇在“诺曼底”号和“玛丽”号之间来回穿梭。“快干！”船长看着即将沉入海水中的“诺曼底”号大声命令。

只不过20分钟的时间，轮船便彻底沉没了。先是船头沉了下去，须臾，海水把船尾也淹没了。

整个沉没过程中，哈尔威船长屹立在舰桥上，一个手势也没有做，一句话也没有说。他只是犹如铁铸般纹丝不动地站着，看着人们一个个得救，自己却随着轮船一起沉入了海底。得救的人们只能含着泪水，透过阴惨惨的薄雾，凝视着这尊黑色的雕像徐徐沉入大海。

哲理人生

哈尔威船长临危不乱，铁一般的自制力和爱心，让他在面对危险的时刻依然淡定地坚守岗位，一直努力做到让灾难“沉没”，让别人的生命继续航行，这就是责任的力量。

第六章

专注创造奇迹

人与人之间，其实并没有绝对的愚笨与聪慧的差别。所不同的是，你是否为自己想做的事情付出百分百的专注，收获属于你自己的价值。所以，专注力是你所能获得的、通往成功的最重要的技能。

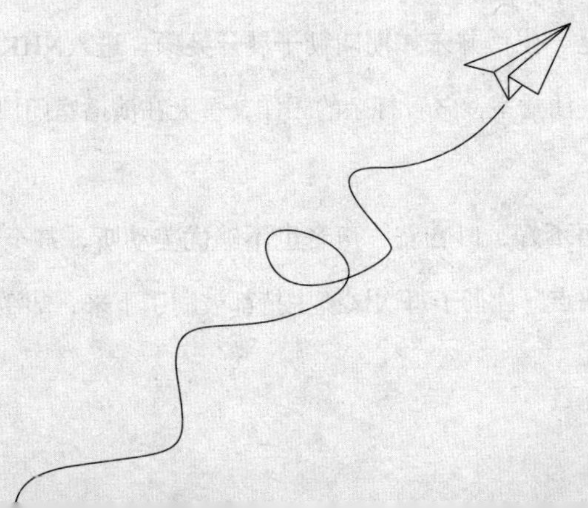

最长寿的节目

从未改过的“洋葱头”发型，忽闪忽闪的大眼睛，乌黑的头发，可爱的娃娃脸，还有一个出奇的大脑袋，这就是日本最出名、最长寿的访谈节目《彻子的小屋》的主持人黑柳彻子。

彻子的童年是灰色的，个性鲜明的她小学一年级没念完，就被学校开除了，当时老师评价她的一句话是：“你就是个低能！”

多年以后，这个被老师指为“低能”的孩子长大了，参加了NHK（日本广播协会）的考试，披荆斩棘连闯六关，成了NHK的正式职员。

可是，生活并未如期向彻子展开笑颜，进入NHK后，彻子几乎没有机会进演播室，做着打杂的工作，每天在演播室门口等待朋友们演播结束。

日语不好，口音差，声音也不够优美动听，甚至说话逻辑混乱。这些“缺点”让彻子每次试镜主持都被刷了下来，却激起了她的斗志。

“一定要去做主持！”彻子这样告诉自己。每天，彻子都要早起两个小时，到附近的公园里练习发音；晚上下班后，还要去夜大上课。

功夫不负有心人，有着强烈而独特个性的彻子，终于脱颖而出了。

1976年2月2日，一档名为《彻子的小屋》的电视访谈节目正式跟日本的观众见面。这是一档针对日本以及世界各国名人的访谈节目，话题非常广泛，涉及深刻的政治问题，也有轻松的生活问题，时髦的文化热点……

彻子刚上这个节目，就体现出了自己非凡的天赋。她反应迅速、聪慧敏捷、口才好、语速快，能够完美地掌控节目的节奏和气氛，可以说她具备了成为一名优秀的访谈节目主持人的所有素质。

黑柳彻子开始受到舆论界的重视。但不久，她就陷入了危机中。

有一次，节目请了一位知名的足球运动员做嘉宾。然而，彻子却完全不懂体育。谈话间，那名运动员所说的关于足球的各种名词都让彻子一头雾水。最后，她竟然还问出了“为何没有人叫暂停”的可爱问题。

运动员感到十分生气，认为节目组诚心邀请自己来做节目，却安排了一位根本不懂体育的主持人来做采访，根本就是不尊重自己，于是愤然离席。

彻子遭到了信任危机，节目很可能因此中断。然而，民众们挽救了她，因为她的节目在日本已经家喻户晓。事件发生后，观众都对彻子持一种宽容的态度，一如既往地支持这个节目。

彻子领悟到，要想把节目专注地做下去，需要的是好的心态、执着的个性、丰富的阅历以及永远有激情有梦想的心。

于是，彻子开始更加勤奋地涉猎各个领域的专业知识。空闲的时候，她就出门旅行。世界著名的旅游胜地，甚至不为人知的深山老林都留下了她的足迹，这让她的视野更加开阔。

她无私地奉献着自己的爱心，关心着世界各地的贫困、残疾儿童。因为她相信，只有心中有爱，才能把节目做得有人爱。

工作中，每采访一个名人，彻子都会事先做好准备，还尽量和他们成为朋友，这样有助于了解他们的生活，为以后再上节目做准备。因为彻子一直相信，只要自己还活着，《彻子的小屋》也会活着。

工作中不是没有挫折，但是彻子大大咧咧的性格能够让她很快从阴霾中走出来，继续做自己想要做好的事情。

坚持新鲜、坚持风度、坚持神采飞扬的笑容，就算是最疲惫的时候，也没有想过放弃。彻子几十年如一日地工作着。

最终，她以自己个性十足的主持风格，将《彻子的小屋》持续做了三十多年。她自己也创下了从未生病请假，从未穿同一套衣服出现，以及从未换过自己“洋葱头”发型上镜的纪录。

哲理人生

专注是一种“可怕”的力量，它能够让人在朝着梦想奋进的时候根本不去理会周围的纷纷扰扰以及各式各样或支持或反对的声音。专注让人知道怎样把事情做好，而不是该怎样安排退路。

蒙台梭利的儿童之家

1894年的一天，在罗马的平西欧公园里，一位神情沮丧的少女正漫无目的地走着。忽然，她抬起头时，看见了迎面走来的一个乞讨的妇人。妇人衣衫褴褛，身边还跟着一个两岁左右的小女孩。孩子拿着一张彩色的纸片，神情专注地玩着。

小女孩那幸福的神情深深吸引了少女，为什么仅仅一张纸片而已，小女孩却能够从中找到无穷无尽的乐趣呢？一瞬间，少女突然有所感悟，而这个感悟也随之改变了少女的一生。这个少女，就是后来享誉世界的“幼教之母”玛利亚·蒙台梭利。

蒙台梭利1870年出生于意大利，是家中的独女。6岁的时候，蒙台梭利就发出了“孩子的人格也应该受到尊重”的呼声。20岁的时候，她做了一个令所有人大吃一惊的决定——去学医。这在当时简直是不可思议的事情，因为此前根本没有女性踏进过医科的大门。尽管父亲气得与她决裂，她仍旧依靠自己的奖学金和打工赚的钱艰难地继续着学业。

最终，她以优异的成绩毕业，被聘为罗马大学附属精神科治疗助理医师。在这里，她接触到了很多精神病院的智障儿童。她很同情他们，于是一直无私地帮助这些孩子。在工作中，她逐渐发现，这些孩子智商不高是教育的问题，而不是医学上的问题。她认为，如果能够给予合理的教育环境，这些孩子的智商是能够恢复正常的。

两年之后，她被聘为心理矫正学校的校长，正式开始从事智障幼儿教育工作。蒙台梭利留心观察并记录了智障儿童的各种问题，设计出了一套独特的教学方法，并且配有一套别出心裁的教学工具，以便帮助这些孩子"手脑并用"。她每天都和这些孩子生活在一起，了解他们，分析自己的训练方法，并不断地改进。

两年之后，这些智障儿童不但学会了听说读写，而且通过了那些为正常儿童准备的公共考试。这个成果被人们誉为"蒙台梭利的奇迹"。

蒙台梭利想到，如果把同样的方法应用到正常儿童的身上，必定能够将孩子们从僵硬的教学模式中解脱出来，得到更为理想的成长空间。于是，她开始研究起正常儿童的教育方法。1907年，蒙台梭利自己的幼儿园正式成立，她将其命名为"儿童之家"。在这里，她运用自己多年研究的"蒙氏教育"方法，针对3～6岁的孩子进行教育。这又是一件饱受争议的事情。人们根本无法理解她，各种批评和指责也接踵而至。然而事实再次证明了她的专注是有效果的，那些出身贫寒，并无任何"闪光点”的孩子们在接受“蒙氏教育”之后，发生了巨大的变化，成了聪明的少年精英。

在儿童之家，蒙台梭利要做的工作就是每天观察孩子们的言行举止，包括细节方面的关注，然后根据这些观察所得，总结出孩子们真正需要的成长环境和引导方式。这里的孩子，不需要填鸭式的教育，也不需要循规蹈矩的生活，每天不会被一些“该做什么”“不该做什么”的规矩束缚。孩子们可以根据自己的兴趣选择作业。

这个工作，她一做就是四十多年，从未间断。期间，蒙台梭利游历了很多国家，在外面讲学、写作，进行教师培训。她一直希望能够给全世界的孩子一个轻松而健全的成长环境。就算到了晚年，身染痼疾，她也依然忍着病痛继续工作。

蒙台梭利活到了82岁，因为太过专注于自己的教育事业，她终身未婚，没有自己的孩子，但她始终与不同的孩子在一起，并且得到了全世界人的尊重。

哲理人生

专注地去做一件事情，就会发现，自己身体里每一个细胞似乎都在为这件事情而兴奋，血液因为这件事情而奔涌，全身上下充满了生机和活力，直到你将事情做成。然后就会看到事情背后那片广袤的森林，还有很多事情值得一直专注地做下去……

一个寓言家的诞生

1668年之前，拉·封丹的命运几经周折。出于无奈也好，出于被迫也好，在这些转变里，他唯一保留的是对于诗歌的热爱。

小官员家庭的背景，让他在起点拥有着走向平凡人和官场的双重选择，他的第一个选择是学习神学。因为在宗教集权辅助君主专制的时代，成为一名神的仆人是一件荣耀的事情。只是在巴黎的一年半里，他发现在腐朽的教会制度下，神学并不能救赎任何人。

于是他转向了学习对人们的生活更有直接改变作用的法学。

对于每一个选择都专注投入，必然也会获得相应的回报。从法学院顺利毕业的拉·封丹拿到了巴黎最高法院的律师头衔，此时的他应该算是拥有了许多人梦寐以求的地位与身份。但随之而来的则是发现法院腐败黑暗的沉重打击，那些义正词严的法律条文根本就是一纸空文，对生活在疾苦当中的人们没有丝毫帮助，法律所维护的都是上等人的利益。

这种虚浮的生活让他非常厌倦，于是他选择了辞职离开巴黎，回到故乡去做一个安闲度日的小乡绅。

可惜，安闲的日子却不是拉·封丹所习惯的，面对家业衰败的事实，他不得不被命运选择，被迫回到巴黎投靠财政总监富凯，成为一名享受年金的诗剧作者。对于诗歌的热爱和天赋让他很快将自己所有的激情都投入到这份工作中来。

可惜，命运的捉弄尚未结束。短暂的安定之后，富凯被对手扳倒，受到牵连的拉·封丹不得不逃亡到里摩日。

在经历了种种波折之后，拉·封丹终于找到了自己真正应该走的道路，那就是他这些年中从未放弃的诗歌。短暂的诗剧创作生涯让他发现，诗歌创作不但是谋生手段，更是自己的爱好，是自己毕生要追求的梦想。

1663年年末，拉·封丹重返巴黎。他所带着的不再是谋生的狭隘理想，而是专注于诗歌的梦想。在穿行于文化沙龙的每一天，他都在对身边所看到的权贵与现实进行着反复的审视与考量。他将自己的经历和感受写入寓言诗中，用动物和虚拟的故事来嘲讽现实社会的恶与丑，其中甚至也有着对于自己在权贵庇护之下苟延残喘的自嘲。

他认识了很多知名的诗人、戏剧家，相互地交流和学习使得他的文学底蕴和知识涵养都有了进一步的提高。

无数个夜里，无数灵感喷薄而出，让他夜以继日地专注于创作。他找到了生活的方向，找到了终其一生的事业，找到了灵魂的归宿。

1668年，《寓言诗》第一集的出版引起了法国文学界和社会的巨大反响，47岁的拉·封丹也一跃成了法国古典文学最具代表性的寓言诗人。他写下的那句“耐心和持久胜过激烈和狂热”成了对“专注”一词的最好注解。

哲理人生

人生的道路永远充满磨难，但是只要能够以专注的心去面对崎岖之途，你就会发现真正属于你的路。文中的拉·封丹不是一个好的律师，但他是一个比律师更好的寓言作家。

思想者卢梭

“不管末日审判的号角什么时候吹响。我都敢拿着这本书走到至高无上的审判者面前，果敢地大声说：‘请看！这就是我所做过的，这就是我所想过的，我当时就是那样的人……请您把那无数的众生叫到我跟前来！让他们听听我的忏悔……然后，让他们每一个人在您的宝座前面，同样真诚地披露自己的心灵，看有谁敢于对您说我比这个人好。’”

《忏悔录》一开始，就用这样的基调表达着一种逼人的悲愤。而整本书的写作，则完全是卢梭在颠沛流离的逃亡路上断断续续完成的。思想者卢梭为我们留下的不仅是一部简单的自传，更是一场思想史上的革命。

一般人书写自传都是在晚年的时候，待到铅华洗尽，人间的一切富贵沧桑都已如过眼烟云的时候，从容提笔，用娓娓道来的方式讲述自己的一生，愉悦自己的心灵，也为后世之人留下一笔宝贵的财富。

没有窗明几净的书房，没有上好的鹅毛笔和墨水，也没有定时送茶点和咖啡的女仆，有的只是让人胆战心惊的通缉和跨国的逃亡。

那是怎样的晚年啊，饱受身体和心灵的双重摧残；那又是怎样的专注啊，能够让他在走山路的剧烈颠簸的破马车上，奋笔疾书进行创作。

与同时代的其他著名思想家不同，卢梭并没有高贵的出身，也没有衣食无忧，只有日出而作日落而息的创作条件。从出生那天起，他最优越的条件就是母亲留下的满屋子的书和一个同样也喜欢读书的父亲。在识字明理方面，卢梭自学成才，没有上过多少学，却读了不少书。

成年后，他开始独立生活，在律师手下做过文书，也在一个暴虐的镂刻师身边当过学徒。随后，他认识了此生对他影响最深远的一位女性——她深深挖掘出卢梭体内潜藏着的才能，并且鼓励他将积蓄的能量尽情地释放出来。因为她，卢梭开始了写作，开始了内心深处对于“人之初，性本善”的思考，也开始了此生最真挚的爱恋。

一次，偶然看到的一则征稿启事给卢梭的生活带来了契机。《科学和艺术的进步对改良风尚是否有益》，当卢梭看到这个征文标题的时候，眼前仿佛射出了万道光芒，一个久违的世界正在向他招手。他的脑子里涌现出一连串的想法，像是汹涌的巨浪一样冲击着他。

他迅速提笔而就。这篇文章充分体现了他思想上的真知灼见。也正是这篇文章，让年轻的卢梭出名了。他的思想被很多人欣赏，同时也引起了很多人的警觉和憎恶。

44岁那年，卢梭来到巴黎的乡间隐居。彻底告别浮华，让他整颗心都安静下来了，那个时候的他已经小有名气，不必再为生计而发愁了。每个月数量很少的稿子刚好能够为他赚得维持生计的费用。

然而，卢梭却始终认为，作家的地位，只有在它不是一门行业的时候才能够保持。也就是说，提笔卖字并不是自己想要的生活，尊重自己的思想，专注于思想迸发火花时的写作才是最重要的。

著名的教育学论著《爱弥儿》就是卢梭在隐居期间完成的。这本书充分体现了他思想的精华，却不可思议地为他带来了灾难。法国法庭将此书列为禁书，并要求逮捕此书的作者。

还没弄明白是怎么回事，卢梭就被迫走上了逃亡之路，辗转很多个国家，一逃就是很多年。《忏悔录》就是在这些日子里，陆陆续续完成的。颠沛流离，朋友的离弃，各国的驱逐，甚至直面刀头的危险，卢梭的思想没有一天停止过工作。他如此专注，将此生的思想精华全部倾注在了藏在衣服里那沓厚厚的手稿上。

这是他晚年的作品，也是他不幸岁月中唯一的精神支持。尽管四面楚歌，但他依旧能够高声歌唱。唱出了一种高昂的、打不倒的民族精神的卢梭，是伟大的。

哲理人生

勇者无畏，专注者亦无畏。因为专注能够让内心平静，让人无视眼前汹涌的危险和悲怆的不如意。

愤怒的公牛

1963年10月26日，世界上第一辆350GTV跑车现身于意大利的都灵车展，它的名字叫兰博基尼。它拥有其他跑车无法比拟的将流畅与刚性完美结合的线条，同时也拥有着所有参展跑车望尘莫及的速度。

世界跑车界因为兰博基尼的出现而沸腾了很久，它的款式和性能直接挑战着法拉利，标志则显示了无与伦比的霸气。

费鲁吉欧·兰博基尼出生于1916年，在意大利他制造了一系列拖拉机和燃油机以及空调系统，为自己的品牌树立了很高的威望。

兰博基尼是一个狂热的法拉利迷，曾先后购买了四辆法拉利。有一次，他的一辆法拉利出现了故障，于是他找到了法拉利汽车制造公司进行投诉，可是投诉未被受理。

于是他又找到了法拉利之父——恩佐·法拉利，想要和他探讨一下关于那辆法拉利跑车变速箱的问题。结果恩佐·法拉利却给了他一个更绝的回答："我用不着一个做拖拉机的人来告诉我如何制造跑车吧？"

兰博基尼生性孤傲，却遭到了这般嘲弄。他突然觉得，如果法拉利不肯听取自己的意见，为何不造出自己的跑车呢？兰博基尼变卖了自己所有的财产，创立了兰博基尼跑车制造股份有限公司。

公司建成后，兰博基尼开始思考，想要造出超越法拉利的跑车，需要的不仅是精良的设备，最重要的是要有好的设计师。于是，他开始想尽办法网罗那些在其他汽车公司供职的知名设计师，来为自己的公司服务。

一些人听说制造拖拉机的商人想要制造跑车，都觉得他太过不切实际，纷纷拒绝了他的请求，但兰博基尼并没有放弃。最后，意大利最具盛名的设计师甘迪尼被他执着的行动和创新的理念打动了。倾注了毕生的心血，甘迪尼为兰博基尼设计出了那款震惊世界的跑车。

从此以后，兰博基尼成为奢华、硬朗、气质、犀利、速度与激情的代名词。世界各国的名流都以拥有一辆兰博基尼而感到骄傲。这个造拖拉机的人，果然造出了比法拉利更奢华、更引人注目的跑车。如果要问他是如何做到的，很简单，因为他专注地去制造自己喜欢的超级跑车。

哲理人生

把不可能变成可能，除了要有非凡的勇气、过人的胆识、顽强的毅力之外，专注是必不可少的元素。因为能够全身心投入，便有机会摧毁无数的不可能，创造无限的可能。

硝化甘油改变世界

很多人眼中的诺贝尔，只是那个享誉世界的具有高额奖金的诺贝尔终身成就奖，却不知道，诺贝尔本身也是位伟大的化学家，炸药的发明者，他的一生短暂但极富传奇色彩。

最终，他将自己毕生的财富捐献给了全人类，设立了一个最高的奖项，奖励那些为人类物质和精神文化做出突出贡献的人。

诺贝尔出生的时候身体非常羸弱，后来的他曾说，自己本来可以丧命于一位仁慈的医生之手，因为他这样的生命，即使存活下去，也要终生饱受病痛的折磨。

可是他依然坚强地活了下来，由于身体很虚弱，他甚至没有获得过进入正规学校学习的经历，一切的知识来源于父母、家庭教师以及他自己的好奇心。

年少时，诺贝尔就跟在父亲身边，看父亲工作的工厂里研制各种雷管、水雷艇和炸药。耳濡目染，他对这些东西产生了浓厚的兴趣并与之结下了一辈子的缘分。

到了他年纪稍长一些的时候，世界各国正在加速发展采矿业。传统的炸药由于安全系数较低，威力不足，已经无法适应时代的要求。人们迫切需要新的炸药，这让年轻的诺贝尔感到兴奋不已。

坚定了自己要改良炸药的决心之后，诺贝尔整天将自己关在实验室当中，查阅资料、做实验……这样的举动引起了父母的不满。他们不断地规劝他。然而他却将改进炸药的意义在亲友中间广为宣传："改进的炸药用在生产上，会给人类带来极大的财富。"这样的理念逐渐为亲友们所接受。

在过去，硝化甘油一直被用来治疗心绞痛。诺贝尔却想到，用硝化甘油来充当炸药的原料，威力会比黑火药更加强大。但是，硝化甘油本身的性能很不稳定，爆炸时间不容易控制，又容易自己爆炸。

经过多次实验，诺贝尔发明了用雷管来引爆硝化甘油的技术，并申请了专利。可是小小的初胜后面却是巨大的挫折。1864年，诺贝尔的弟弟在一场硝化甘油的爆炸事故中不幸被炸死，诺贝尔也被迫把试验基地搬到了瑞典首都斯德哥尔摩附近的玛拉伦湖，在一艘废弃的船上进行硝化甘油的制造。不久，他建立起了第一个硝化甘油工厂。

但挫折并未离他而去，相反，一个个硝化甘油爆炸的噩耗从世界各地传来，使得很多国家都彻底丧失了对硝化甘油的信心，有的国家甚至下令禁止生产硝化甘油以及从事与硝化甘油有关的一切活动。

面对困窘的局面，诺贝尔选择的是，不理会所有质疑的声音，而是专注地去寻找解决硝化甘油性能不稳定的办法。

从此，诺贝尔一心沉迷于实验。一年后，他成功地制成了运输和使用都很安全的硝化甘油工业炸药。

后来，诺贝尔又专注地埋首于实验室当中，发明了至今军事工业中仍普遍使用的无烟火药。

诺贝尔被人们称为“炸药大王”，是当之无愧的。因为他相信，只有在生产中取得实际效果的发明才是有用的。所以他积极地将自己的发明投入到了生产之中，为后世留下了宝贵的财富。

哲理人生

综观诺贝尔的一生，专注地在实验室中发明创造，是他做得最多的事情。如果没有“两耳不闻窗外事”的专注，他也不可能顶住巨大的压力，成为享誉全球的炸药大王。重要的不是荣誉，而是他做成了自己想做的事情，并且一步步地把成果完善——用他那羸弱的身躯以及强大的心灵力量。

尼采的专注光环

有关尼采最著名的言论，所有人想到的第一句都是一声断喝——“上帝死了”。

因为这句话，有人说尼采是个疯子，他竟然以一己之力对抗强大而顽固的时代与宗教；有人说，尼采只是一个生不逢时的思想大师，在多年之后我们才能真正地认识到他所坚持的不易和艰难。

换成普通人，哪怕只是经历他所走过的几分之一都已痛不欲生，而他却用惊人的力量走到了最后。

幼年的尼采经历了亲人的接连死亡，过早地接触悲痛让他几乎没有过天真烂漫、无忧无虑的童年。在几乎完全由女性成员组成的家庭中长大，则让他养成了孤僻而敏感的性格。

清教徒的母亲给了他深刻的影响，让他在后来的人生中始终保持着淳朴的本色，用一种高傲的姿态迎接来自社会舆论的抨击和友人的背弃以及所有的伤害。

25岁即成为大学古典语言教授，28岁发表第一部杰出的专著《悲剧的诞生》。尼采的人生路如同他的天才想法，走得精彩而丰富无比。在世人皆以为他将成为传统思想文化的一员新猛将之时，他选择了在喝彩声中将攻击的矛头指向传统固守的陈腐者，并且勇于将这种对抗提升到了对于霸权主义吞噬现代艺术的高度。

在辞去教授职位后，尼采进入了他创作的黄金十年，他为读者留下了《查拉图斯特拉如是说》《善恶的彼岸》《道德的谱系》等影响深远的著作。在这些书中，尼采以最张扬的方式为我们铺陈了一个极具刺激的世界，也将自我扩张到了一种极限。

有人说，尼采最终还是疯了，用最悲剧的结局先于上帝死去。但是很多人都忽略了他的另一句话："始终全神专一的人可免于一切的困窘。"

他的专注光环，让他可以始终坚持自己所选择的道路。

对于他而言，他所专注的世界是略带偏执却无比正确的，因此外界的任何否定都不能改变他的意志。

哲理人生

尼采的天赋并非人人可有，"神欲使之为神必先使其疯狂"。尼采那种强烈的抨击思想在现代社会中已经不再是专注的光环就可以抵御全部的困窘。可是，至少在你做着自己想做的事情之时，不应该首先去考虑自己要面对的困窘有多少，而是专注地将眼前的事情做到最好……

我将死于3万杯咖啡

他不是咖啡爱好者也不是品鉴专家，和咖啡豆种植者也完全扯不上关系，甚至分不清巴西咖啡和牙买加咖啡最本质的区别……

可是，陪伴他每天近12个小时写作以及6个小时阅读的忠实伙伴，只有那微苦但幽香的咖啡，直到他死于饮用咖啡过量而导致的血热症。

这位早逝的文坛巨匠不但为家附近的咖啡豆经销商带来了大笔的利润，也为世人留下了许多不朽的著作，他，名叫巴尔扎克。

巴尔扎克是家中的长子，从出生起，上帝并没有给这个孩子多少意外的垂青。甚至连正常的家庭温暖，他都没有获得过。

暴虐的母亲让他几乎丧失了所有对母爱的期许，直到成年以后，他仍会很气愤地说："我没有母亲！"可见，彼时的巴尔扎克是偏执的。

可是上帝却没有真正忘记他，而是给予了他一份藏于胸中的才华。这种才华让他能够比别人更明朗地洞悉这个世界的善恶美丑，更明白地看清楚埋藏在伪善和虚荣背后的社会是多么的令人不齿。

他决定把这些用自己独特的视觉、嗅觉、听觉所感受到的东西，用文字写下来。《人间喜剧》的雏形在巴尔扎克心中应运而生。接下来，就是去完成它了。

可是，债台高筑，家人警告，爱情失意，种种烦心事折磨着巴尔扎克的神经，让他不得不蜷缩在巴黎圣安东郊区的一个小阁楼里，为生计所迫写着一些光怪陆离却毫无主题的“日常消费”小说。《人间喜剧》的计划被推迟，表面上的巴尔扎克依然潇洒地面对着周围的人，内心却没有一天不在承受着煎熬。

终于，他的一部名为《朱安党人》的作品问世，将他推向了一流作家的行列。这部作品无论是从结构，还是表现技巧，甚至故事背后暗藏的讽刺意义上，都体现了巴尔扎克无与伦比的才华。他“一炮而红”，无数的约稿商纷至沓来，巴尔扎克再也不用违心地写那些自己都不屑的低俗小说了，伟大的《人间喜剧》正在向他招手。那一年，巴尔扎克已经30岁了，他觉得自己已经开始得太晚了，可是胸中依旧喷薄着无限的灵感，要是不把这些思想的火花全部记录下来，自己的一生将会满含遗憾。

那就是他夜以继日工作的开始。他每天从下午5：30开始睡觉，到半夜的时候起床创作，直到第二天中午。午饭后的整个下午，他的时间用来阅读大量的图书和报纸，以增加自己的知识含量并及时了解社会的动态。他的朋友曾这样描述他的生活：“每三天，巴尔扎克的墨水瓶就得灌满一次，并且得用掉10个笔头。”

为后人所熟知的名著《高老头》，那近20万字的大部头长篇，竟然是巴尔扎克用了30多天时间创作出来的。灵感来时势不可当，他废寝忘食，奋笔疾书，将自己的思想尽情倾泻于笔端。

整整20年，巴尔扎克一共写下了91部作品。如果没有全年无休的专注，如果没有奋笔疾书的勤奋，如果没有强健的体魄，如果没有丰厚的知识底蕴，他不可能完成如此惊人的创作量。

在这些作品当中，他塑造出2400多个人物形象，非常生动地描绘了当时巴黎上层社会的腐朽和底层人民的疾苦，将整个社会现实浓缩进这些故事当中，为后世子孙留下了不可多得的艺术珍品。然而，巴尔扎克还是倒下了，因为太过专注的写作而倒下了。在这20年中，他已经没有了对金钱的向往和恐惧，也没有了对亲情的抱怨和不满。

没有，这一切都没有过，只有一部部创作时间短、内容却精彩独到的作品问世，表明巴尔扎克一直在专注地写着……

哲理人生

爱于斯，忠于斯，死于斯。没有人知道自己什么时候会死，但活着的时候，却能够感知到自己的心、自己的灵魂和自己内心最想表达的东西。巴尔扎克二十年如一日地专注于自己热爱的工作，执着于自己的思想，从某种意义上说，不但是伟大的，也是幸运的。

百炼成钢的“松下精神”

“Panasonic ideas for life”，是松下电器全球品牌标志，也是松下电器的创始人松下幸之助的哲学理念。松下幸之助从一个穷困潦倒、一文不名的少年做起，打造了这个全球知名的品牌，这与他一生专注做事的风格是分不开的。

松下电器的雏形，是一个只有三个人操持的小作坊，生产着幸之助先生设想中的改良灯头。此时正逢第一次世界大战，欧洲市场物资奇缺，任何东西都能在那里赚到钱，尤其是日本的产品，更成为人们趋之若鹜的抢手货。也正是因为这样，三个人才“一拍即合”，决定做自己的事业。

可意外的是，这批“松下”牌改良灯灯头在千辛万苦生产出来之后，居然卖不出去。三个人拿着自己的产品走遍了大阪的大街小巷，磨破嘴皮去推销，却一共也没能卖出几个。

第一次做生意就几乎血本无归。迫于生计，两个合伙人都各奔前程了，剩下松下幸之助苦苦支撑着。幸好他的夫人是个非常明理大度的人，她不但叫上自己的弟弟和自己一起全心全意地支持丈夫，还变卖了自己值钱的首饰贴补家用。

转机出现在其中一个合伙人身上。他虽然走了，却在第二年的时候给幸之助介绍了一笔生意——制造1000只电扇的底座。幸之助一家三人夜以继日地赶工，终于如期完成了订单，当初创立作坊的本钱也赚了回来。他意识到，如果再来两个订单，小小的家庭作坊是不足以操作的，应该谋求更大的发展。

不久，在大开町街一座新建的两层楼房上，一家叫作“松下电器制造厂”的公司诞生了。三年后，松下电器相继出产了电熨斗、电炉、电热器、真空管和收音机等产品，它以“低于他人的成本，高于他人的质量，优于他人的服务”为宗旨，迅速在日本国内占据了越来越大的市场份额。工厂迅速扩建，公司也正式更名为“松下电器公司”。此时的松下幸之助早已领悟到他自己独特的经营哲学，那就是：经营企业的真正使命是永远为民众服务。

他把自己的理念明白无误地传达给松下所有的员工，只要“松下”这个品牌还存在，为民众服务的宗旨就不能丢。

专注于品牌理念，让松下不断地发展壮大。转眼到了第二次世界大战。日本众多的企业为了自己的生存，都和军队团结起来，为他们提供一切军需物资。松下电器却依然专注于民众的需要，每一天都在为提高民众生活水平而不懈努力着。然而，松下的行为引起了军方的不满。

松下被勒令必须开始军供生产。在强大的压力下，松下电器在夹缝中生存，等待光明的到来。

终于盼到了停战的日子。停战的第二天，松下幸之助就召开了会议，停止军供生产，恢复民用生产，走松下电器坚持要走的路。然而此时的松下却面临着前所未有的困难，由于日本战败，军方无力偿还债款，使得公司负债累累。

眼看苦心经营多年的品牌就要毁于一旦，幸之助再次得到了命运的垂青。所有松下电器公司的员工联名上书，四处奔走，集合几万人的力量，终于把幸之助的这场灾难消弭于无形。在幸之助的带领下，松下电器渡过了难关，走上了正轨。

松下电器从创始之初到现在已经有近百年的历史了。尽管幸之助老先生已然辞世，但松下的品牌却代代相传，历经无数波折而不倒。松下傲立百年的秘诀只有一个——人人都专注于企业理念，专注于民众的利益，专注于给人们带来更好的生活。

哲理人生

每个企业都有自己的经营理念，但唯有心系民众，才能走得更好更远。专注于这样的理念，在做每一个决策的时候才不会因小失大；专注于这样的理念，在面对每一个困难的时候才不会只顾眼前；专注于这样的理念，才有可能在大风大浪之中依然拥有稳健的步伐。

那只找到了300千克松露的猪

普罗旺斯的二月，是食客和松露猎人最开心的季节。蛰居了一个冬季的猎人纷纷走进山林，开始寻找这种美味而又昂贵的特产。从巴黎远道而来的食客则聚集在普罗旺斯的大小餐厅里等待厨师精心烹制出的最新鲜、美味的松露。

寻找松露最传统的办法，是借助于嗅觉灵敏的猎犬。当主人从猎犬刨开的橡树底部找到松露的时候，就会给它一小块香肠或者饼干作为奖励。但是在普罗旺斯，拥有最高的松露寻找纪录的并不是敏捷的松露猎犬，而是松露猪。

在一个松露采摘季节里，一只松露猪最多能够找到大约300千克的松露，每千克松露能卖到5000欧元的价格。也就是说，它在一个采摘季节创造的价值超过了巴黎的一个高级主管的年薪。但它不需要豪宅也不需要名牌，不艳羡美女也不要超级跑车，只需要一个自己的窝和一口粗劣的饮食。

嗅觉并不出色的猪在寻找松露这一环节为什么能够胜出呢？原来，松露猪寻找松露的动力，在于松露所散发出的那种与自己异性相似的味道。

它们晃动着庞大且有些笨重的身躯在树林里工作的过程，就像一部专心致志的推土机，沿着气味的来源专注地往前，心无旁骛。

在这点上，再敏捷的松露猎犬也会逊色于看似愚笨的猪，因为猎犬的心思太容易被分散到其他猎物之上，在嗅觉的分辨上也极易被多余的气味干扰。所以，松露猎犬虽然专业，但经常会在树林里跑来跑去，为它们的“分心”浪费更多的时间。

而松露猪所有的心思都集中于对“松露”味道的找寻上，它们的感官记忆里只有这种唯一，任何外来的因素都不能把它从这种专注里剥离。

凭借这种执着，松露猪能够寻找到比猎犬更多的松露，成为当之无愧的找松露冠军，自然是不在话下的事情了。

哲理人生

有时候看上去愚笨未必就是真的愚笨，这个世界并没有绝对的愚笨或聪慧。所不同的，只有你是否为你想做的事情付出百分百的专注，收获属于你自己的价值。

第七章

行动改变命运

有时候，机遇稍纵即逝。在你犹豫不决，迟疑徘徊之际，机会往往已经与你擦肩而过了。所以，心动不如行动，要在行动中不断完善和超越。虽然也许会遭遇失败，受到伤害，但唯有行动起来，你才有机会收获鲜花和掌声，走向辉煌的巅峰。

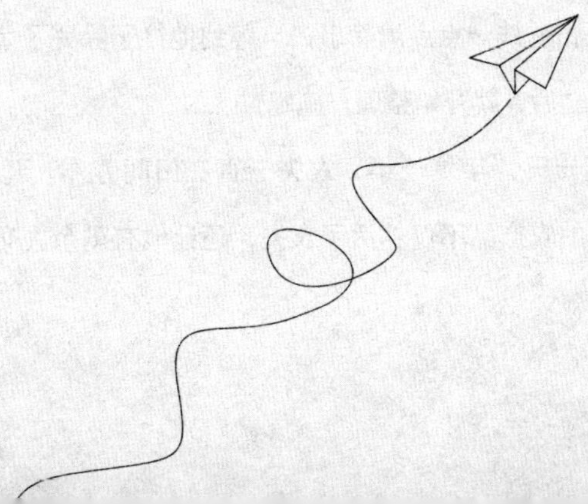

农夫的故事

有一个农夫，没有农场，只在边远的郊区拥有一块土地。而且这块土地还是一块废弃的、没人肯耕耘的荒地。即便是这样，农夫也非常高兴，因为他至少有一块土地了。于是，他抱着极大的热情开垦这块荒地，在上面精耕细作。过路的人每每看到农夫在这块堆满了砖头、瓦块和锈铁，地下又长满了树根的贫瘠荒地里耕耘时，都表示不能理解，有的甚至还会出言嘲笑说："喂，老头，你是在挖金子吧！"可不论别人怎么说，农夫都一声不吭，只是埋头苦干，仔细地将原本堆在地里的砖头、瓦块和锈铁一点点清除出去。等到他终于除完了杂草，拔完地下盘绕的树根之后，就开始整理，施肥。

日复一日，年复一年，农夫一直在田间劳作。几年过去了，这块地上出产的农产品不仅养活了农夫，还让他有剩余去交换一些别的生活必需品。

转眼一年，收获时节又到了，农夫满怀喜悦地来到田间，埋头收割丰收的喜悦。这时，一位赶着牛车的年轻人路过这里。他看到这块地里生长出的累累硕果很是羡慕，兴奋地对农夫喊道：“喂，老大爷，你的祖上有人积了阴功吗？不然上天怎么会恩赐给你这么一块肥沃的土地。”农夫抬起头来，一本正经地对过路的年轻人说：“年轻人，有些事情你不知道。当初上天恩赐我这块宝地的时候，人家还都在骂我是个老傻瓜呢。”

要想有所收获就需要行动起来。就像当初的那块荒地，过路的人们看见的是它的贫瘠，而农夫看见的是经过自己的辛勤劳动后结出的累累硕果。

哲理人生

生活中的很多人（可能也包括你和我），很多时候都只是羡慕别人成功后得到的显赫与富足，从来没有仔细研究过他们成功背后付出的艰辛和劳苦。俗话说，“一分耕耘一分收获”，由此可见，都没有耕耘过肯定是不会有收获的。所以，别只空想着那些梦想，赶紧行动起来吧。

国王的永世法则

在远古的时候，有一位公正仁慈，爱民如子的国王。在他的英明领导下，国内百姓过着丰衣足食、安居乐业的生活。但是有长远眼光的国王却在为自己国家的未来深谋远虑。因为他的年纪越来越大，总是担心自己死后，人民是不是还能过着幸福的日子。他一直为这个想法困惑不已。后来他想到一个办法，就是把国内所有出色的学者召集起来，让他们想办法找到一个能确保人们永世幸福的终极法则。他想：只要有了确保人们永世幸福的终极法则之后，自己也就可以放心地离开这个世界了。

三个月后，这些学者把苦苦研究的三大本厚厚的书交到了国王面前，说："国王陛下，天下所有的知识都汇集在了这三本书内。我们有理由相信只要人民读完它，就能确保他们生活无忧了。"但国王对于这种结果却并不满意，因为他知道人民是不会花那么多时间去看这厚厚的三本书的。于是，他命令这些学者继续寻找答案。

一个月后，学者们把之前的三本书简化成了一本交给了国王。国王看后还是摇着头，觉得不行。又一个月后，学者们绞尽了脑汁，终于找到了国王想要的答案，他们只是交给了国王一张纸，纸上也只写了一句话。这回国王看后没有摇头，而是欣喜异常地说："太好了，只要我的子民日后能真正奉行这宝贵的智慧，我相信他们就能永远过着幸福安康的生活了。"说完后便重重地奖赏了这些学者。那么，这张只有一句话的纸上究竟写了什么样的绝世秘诀呢？其实很简单，你和我肯定都听过：天下没有不劳而获的东西。

哲理人生

上帝赋予人类双手不是为了美丽而是为了告诉我们，人生需要创造。只有靠自己的双手才能创造自己所需，也才能得到自己渴望得到的所有东西，因为天下没有免费的午餐。

泰勒斯跌倒

一个夏天的夜晚，许多人都坐在广场上乘凉。

这时，古希腊的第一个哲学家、天文学家泰勒斯也朝广场走来。他像所有的哲学家一样喜欢思考。这会儿他正一边走一边仰望着星辰。他由于太过专注天上的景象，而没有留意到脚下有一个又大又深的土坑。一脚踩空，他整个人掉了下去……

在场的人见状都哈哈大笑。还有人不怀好意地挖苦他说："你自称能够观测天气，为什么连自己脚下是什么都不知道呢？"又有人说："我很想知道，你是不是觉得跌进坑里也是你研究学问带给你的好处呢？"这句话又引起一阵哄笑。

泰勒斯从坑里爬上来，揉揉摔痛的胳膊和腿，拍着身上的尘土，神情自若地说："难道你们不知道这个道理吗？只有站得高的人，才有从高处跌进坑里去的权利和自由。像你们这种没有知识、不喜欢思考、整日无所事事的人，每天就仿佛躺在土坑里一样，又怎么可能从上面跌进坑里去呢？”一番话让挖苦他的人好一阵尴尬。

随后，泰勒斯走入人群中，以非常肯定的语气说：“明天会下雨。”一开始，很多人都不相信。但奇怪的是，老天仿佛是被泰勒斯施了魔法，第二天竟然真的下起了雨。人们对泰勒斯佩服得五体投地，那些不懂天文知识的人，甚至还尊他为神人。

为此，泰勒斯很是鄙视这些人。在他看来，想要知道宇宙和自然的秘密，仔细观察星空并做研究和思考不就行了吗？偏偏这些人一有空闲时间就只知道聚集在广场上乘凉、聊天、看别人的笑话、取笑别人。如果他们也能常常仰望星空，并专注地研究星象变化，那人人对于这种天文知识不都可以预见了吗？

哲理人生

虽然错误、失败、劳累、受伤等总是喜欢眷顾那些有胆识、有行动力的人，但我们也该看见，在这些人遭遇这些“不幸”的同时也收获了鲜花和掌声，走向了辉煌的顶峰。所以，很多时候并不是我们不能做某件事情，而是我们根本就没有打算去做这件事情。一旦行动起来，又有什么事情是做不到的呢？

聪明的凯恩

马上就要成年的凯恩想在这个暑假送自己一份18岁的成年礼物，于是对爸爸说："我不能再向你要钱买礼物了，我要通过自己的劳动赚钱。"

父亲听后很高兴，说："好啊，如果你愿意的话，我会帮你找份工作。不过恐怕不会那么容易，现在正是工作紧缺的时候。"

凯恩却说："我看您并没有弄清我的意思，我既然是要自己赚钱养活自己，那所有的事情就得让我自己一个人来干，从找工作开始就该这样。老爸，我会自己找工作后挣钱，然后再用那些钱来为自己买礼物。"

凯恩在拒绝了父亲的好意之后马上就行动起来，开始从一些招聘启事上仔细查找招聘信息。终于，他发现了一个很适合他专长的工作，决定去面试。

广告上说，应聘者要在第二天早晨8点到达23街等候面试。渴望找到一份工作的凯恩不到8点钟就早早到了面试的地点。遗憾的是，有20个男孩比他来得更早，他们都排队等在那里，凯恩只好排在队伍中的第21位。

怎样才能引起老板的重视，而不让自己失去这个机会呢？凯恩面对着前面20个比自己拥有更多机会的男孩陷入了沉思。突然，灵光一闪，一个好主意在他脑海中冒了出来。他拿出一张纸来在上面写了一行字，然后折得整整齐齐，走到秘书小姐面前，恭敬地对她说："小姐，请您马上把这张纸条交给您的老板，这对他非常重要。"

秘书认真地打量了他，虽然她看不出这个男孩有什么特别之处，但既然他说这对老板十分重要，那自己就一定要好好地履行当秘书的职责。于是秘书小姐一口答应，然后直接走进老板的办公室，把纸条放在老板的桌子上。

老板看后竟然哈哈大笑起来，因为纸条上写着："先生，我排在队伍中的第21位，在你没有看到我之前，请不要做决定。"

毫无疑问，这个具有行动力的凯恩让老板看到了他的闪光点，并最终得到了一份心仪的工作。

哲理人生

机会永远不会惠顾那些懒于思考、不愿行动的人，因为它在这个世间行走的脚步是如此匆匆，来不及去寻找那些"懒惰"的家伙们，而更青睐那些时时处处寻找自己的"勤劳者"。所以，你必须要了解的是：一味地等待只会让你错失良机。唯有开动脑筋，尽力凸显自己的自信和与众不同，才能在众人中脱颖而出。

动起来别停下

安东尼是某部门的经理，他每天都忙得不可开交，却觉得事情好像永远都没有因为自己的勤劳而变得减少许多。

每天一早开始，他就一头扎进工作堆里，等到晚上别人都下班回家的时候，却仍然有一大堆的工作等待他去处理。这种忙得焦头烂额、天天加班加点的工作状态让他寝食难安，身心俱疲，几乎处于崩溃的边缘。于是，安东尼决定去向一位成功的公司经理请教。

他来到那位公司经理办公室的时候，那位经理正在打电话。听他谈话的内容应该是在和下属通话，这位经理很快就给对方做出了明确的工作指示。刚放下电话，他又迅速签署了一份秘书刚送进来的文件。签署完文件，经理又接到了一个询问电话，并很快做出了答复。

半个小时过后，那位经理忙完了案头工作，安东尼终于有机会开口了。可谈话刚一开始就马上结束了，因为安东尼感触很深地说：“本来我来您这里的目的是想向您请教，您身为一个全球知名公司的部门经理是如何工作的，我怎样才能处理好那么多的工作？但您刚才的行动已经给了我最好的答案，让我知道了自己的问题所在。您之所以成功，并能每天轻松地应对那么繁忙的工作，是因为您不管在什么情况下，都会先把自己手头的工作处理完再处理另外一件事情；而我却是一被什么事打断，总会先把手头的工作耽搁下来，等处理好眼前的事再说。换言之，就是我对许多事情都没有彻底将它做完就半途而废了。所以我看到您的办公桌上空空如也，而我办公桌上的文件却堆积如山。”

果然，没用多长时间，安东尼就从繁忙纷乱的工作中解脱出来，他的工作不仅变得更加轻松，而且效率也大大地提高了。在谈到转变的原因时，安东尼深有感触地说：“一个人、一个团队能否取得成功，秘诀就在于做事情时千万不要把事务拖延到一起去集中处理，而是当即就行动起来，立刻去做好正在经手的每一件事。”

哲理人生

如果现在的你也和安东尼一样有着“拼命地干活，事情却总是做不完”的困惑，建议你也采取他从那位公司经理处学到的——任何时候面对任何事情，除非是有特殊情况，否则一定要坚持做下去别撒手，一直到将它做完、做好为止，再去做另外一件事情。长期坚持，你会发现这会给你带来意外的惊喜。

万能求职法

很多年前，有一位青年来到美国西部寻梦。他本来想做一名新闻记者，但由于第一次来到那里，加上人地生疏，根本就无从下手，只好写信请教在报界影响很大的柯里蒙先生。不久，幸运的他接到了柯里蒙先生的回信，信中说："只要你愿意按照我的话去做，我可以在报界为你谋取一席职位。现在请告诉我：你想进哪一家报馆？这家报馆在什么地方？"

这个青年接到这封信后仿佛看到了自己梦想快实现的曙光，兴奋异常，连忙再寄去一封信，详细地说明了他所期望的报馆的名称和地址，同时诚恳地表明自己愿意听从他的指示。

不久，他就接到了柯里蒙先生的第二封回信，信中说："只要你愿意在目前的状况下只尽义务不要薪水，那么随便你到哪家报馆，都没有人会拒绝你的。"柯里蒙先生还在信中大肆地列举了这样做的种种好处，以及他为何会有这种建议。

他在看了柯里蒙先生写给自己的回信之后，觉得他的话非常有道理，于是便毫无怨言地听从他的建议认真行动起来。他果真到了某个报馆里去做没有报酬的工作。在那里他非常珍惜这来之不易的机会，踏踏实实、勤勤恳恳地做好各项工作，当然，他也学到了很多的知识，积累了丰富的经验。

不到一个月，他就接到了另外一家报馆的聘书，聘书中承诺每月给他多少薪水。因为那家报馆听说了他的事情，了解到他最近正在刻苦学习，为提升自己的能力做充分准备，觉得这样的青年人对自己的报馆来讲是个不可多得的人才，于是才发出那份聘书。但是令青年自己都没有想到的是，这边免费工作的报馆在得知别的报馆发出的聘书之后，果然如当初柯里蒙先生在信中所提到的：报馆会加倍给他别的报馆提供的薪水。

于是，这个青年人继续留在原来的报馆上班。这样兢兢业业、勤勤恳恳地为报馆持续工作了四年。在这四年内，由于他出色的表现，曾两次接到其他报馆的聘书，他也因而得到了所在报馆的两次加薪。现在，他已是那家报馆的主编了。

哲理人生

如果真要说柯里蒙先生给予了这几位青年人万能的求职法，不如说是柯里蒙先生告诉了这些人：任何事情，只有当你行动起来的时候，才有成功的机会。否则，就算你有一身的本事，都与成功无缘。

麻雀之死

IT业名人王安博士曾讲述过他童年时代经历的一次惨痛教训，并说那次经历使他受到了重大的启发，进而影响了他的人生。

6岁的一天，王安在树下玩耍的时候，突然上面有个鸟巢掉了下来，正好掉在他的身上。鸟巢里有一只可爱的小麻雀。王安将小麻雀捧在手里，高兴极了，就连同鸟巢一起带回了家。

当他走到自家门口时，忽然想起妈妈曾经禁止他在家里养小动物。于是，他先轻轻地把小麻雀放到门外，然后急步走进屋里请求得到妈妈的允许。

在他的苦苦哀求下，妈妈终于破例答应了他的请求。王安兴奋地跑到门外去取麻雀。可是让他没有想到的是，小麻雀已经不见了，只见不远处一只黑猫正意犹未尽地舔舐着嘴巴。小王安明白了一切，他非常伤心，也后悔自己刚才没有马上将麻雀带回家。他想：即使那样做会被妈妈责罚，但他至少还有机会，小麻雀也不会死。

经历了这件事，王安得到了一个惨痛的教训。从此以后，他便有了一个雷打不动的准则——只要自己认为是对的事情，就马上去做，绝不优柔寡断，即使为此需要付出很大的代价，也绝不含糊或者耽搁片刻。因为小时候让他记忆深刻的“小麻雀事件”让他懂得，不能做决定后立刻行动的人，固然不会做错事，但也可能失去了成功的机会。

哲理人生

很多时候我们欠缺的不是行动的机会，而是立即行动的勇气。所以，只要是你认为对的事就要大胆地去做，因为当你反复思索准备论证做这件事是否正确的时候，机会就已经偷偷地与你擦肩而过了。

进军百老汇

安东尼·吉娜的梦想就是成为一名出色的演员。大学时的吉娜曾担任过校艺术团的歌剧演员，她的演出几乎场场获得成功，受到老师和同学们的广泛好评。因此，大学毕业后，她有了一个大胆的计划：先去欧洲旅游一年，然后进军百老汇。

老师知道她的梦想后，就问她："为什么要等到旅游结束后再进军百老汇呢？旅游一年和你一毕业就去有什么分别？"

现实是，去欧洲旅游并不能帮助吉娜晋身百老汇，只会浪费她一年的时间罢了。但吉娜总是觉得自己在旅游一年之后，有了一些社会经验，去百老汇闯荡会更容易成功一些。

听了她有些牵强而且没有道理的借口，老师什么都没有说，只是又问了一遍："那你告诉我，你现在去跟一年以后去有什么本质的区别？"

吉娜有些迷糊，因为她自己也说不上来现在去和一年之后再去有什么区别。说到底，她只是因为惧怕去百老汇闯荡不成功，才给了自己一年的旅行时间来做思想准备罢了。老师这样问她之后，想到那一直让自己魂牵梦萦、星光璀璨的舞台，吉娜终于放弃了一年之后再去闯荡百老汇的想法，坚决地说："好，老师，那您给我一个星期的时间准备吧。一星期之后我就出发！"

"为什么要等一个星期呢？我不明白你还有什么东西需要准备。吉娜，因为所有的生活用品在百老汇都能买到啊！"老师步步紧逼。

吉娜愣了片刻，终于决定："好，我决定明天就去。"

老师这才赞许地点点头："我马上给你订明天的机票。"

就这样，在老师的督促和鼓励下，吉娜勇敢地面对了即将进军百老汇闯荡的现实，去了纽约。在百老汇，经过激烈的角逐，吉娜终于从几百名应征者中脱颖而出。

第三天的时候，她得到进军百老汇之后的第一个角色。此后，通过不懈的努力，吉娜在百老汇取得了一次又一次演出的成功，现在她已经成为百老汇最著名的年轻演员之一。

哲理人生

实现梦想的机遇稍纵即逝，如果你在寻梦的路上总是犹豫不决、一味地迟疑，就可能与梦想失之交臂。所以，请从这一刻起，为了梦想，马上出发！

心动不如行动

三个探险者要在规定的时间内穿越喜马拉雅山。为了如期到达，他们一路丝毫不敢懈怠，不知不觉已经走了好几天。这天临近傍晚的时候，大家都觉得饥饿难耐，但看看行囊，只剩下一块面包。

三个人没有为一块面包撕打、争抢，而是想让老天来决定它的归属者。于是，他们在祈祷中入睡，希望在睡梦中老天能发来信号，宣布谁能享用这块面包。

第二天醒来，他们开始谈论各自得到的启示。

第一个人说："我做了个梦，梦中我到了一个从没去过的地方，享受了有生以来一直追求的平静与和谐。在那个乐园里，有个长胡须的智者对我说，'你是我选择的人，你从不追求享乐，勇敢又善良，为了证明我对你的支持，我想让你去品尝那块面包。'"

"真奇怪，"第二个人说，"在我的梦里，我看到自己神圣的过去和光明的未来。我凝视着自己的未来，这时候，一个智者出现了，他说，‘你比你的朋友更需要食物，因为你要领导许多人，需要力量和能量。’”

第三个人说：“我一整夜都没有做梦。但是，在夜里的某个时候，我突然醒来，把那块面包吃了。”

另外两个人一听，立刻愤怒地指责他：“为什么你私自做决定，而不叫醒我们？”

第三个人摊摊手：“没办法，你们俩都走得那么远，遇到了智者，发现了神圣的东西。可是我太饿了，在我饿得要死时，老天叫醒了我，我想这是指引我去吃掉面包吧。”

哲理人生

这是一个杜撰的故事。第三个人趁伙伴熟睡之际私吞了仅有的食物，有些不道德。但从另一个角度说，再美的理想如果不付诸行动，可能连十分之一也无法达成。前两个人一味地强调梦想、智者，却没有真正动起来，结果仍然饿着肚子。而第三个人虽然没有那么远大的梦想，却果断采取行动，吃掉面包，解决了饥饿的问题。三个人中，只有他才有体力继续下面的旅程。

“我不能”先生的葬礼

唐娜是密歇根州一个小镇上的小学老师。

一天，她给学生们上了一节特别的课。她让每个学生都在纸上把自己无法做到的事写出来。所有的学生都在全神贯注地埋头写着。有一个10岁的女孩在纸上写了“我无法把球踢过第二道底线”“我不会做三位数以上的除法”“我不知道如何让黛比喜欢我”，等等。她写满了半张纸，却丝毫没有停下来的意思，一直继续写着。

每个学生都很认真地在纸上写下了他们积攒了很久的无法做到的事情，唐娜也像学生一样忙着在纸上写下了她无法做到的事情。10分钟之后，大部分的学生已经写满了一整张纸，有的已经开始写第二页了。

“同学们，写完一张纸就够了，不要再写了。”这时，唐娜用她那惯常的语调宣布了这项活动的结束。学生们照着她说的，把写满了他们认为自己做不到的事情的纸对折好，然后按顺序依次来到讲台前，投进一个空的鞋盒里。

等所有学生都把纸投完以后，唐娜老师也把自己的纸投了进去。然后，她把鞋盒的盖子盖上，夹在腋下，领着学生们走出教室，沿走廊向前走。唐娜走进杂物间，找了一把铁锹。然后，她一只手拿着鞋盒，另一只手拿着铁锹，带着学生们来到了运动场最偏远的角落里，开始挖坑。

学生们你一锹我一锹地轮流挖着。10分钟过后，一个1米深的洞就挖好了。他们将盒子放进去，然后又把挖出来的泥土重新填了进去。这样，每个人所有不能做到的事情都被深深地埋在了这个墓穴里，埋在了1米深的泥土下面。

这时，唐娜老师转过身，面对着围绕在这块小小的“墓地”周围的31个孩子，神情严肃地说：“孩子们，现在请你们手拉着手，低下头，我们准备默哀。”学生们很快地互相拉起手，在“墓地”周围围成了一个圆圈，然后都低下头来静静地等待着。

“朋友们，今天我很荣幸能够邀请到你们前来参加‘我不能’先生的葬礼。”唐娜老师庄重地念着悼词，“‘我不能’先生在世的时候，曾经与我们朝夕相处，他影响着、改变着我们每一个人的生活，甚至可以说他比任何人对我们的影响都要深远得多。他的名字几乎每天都要出现在各种场合，比如家庭、学校、市政府、议会，甚至是在白宫。当然，这对于我们来说是非常不幸的。

“现在，我们已经把他安葬在了这里，并且为他立下了墓碑，刻上了墓志铭。希望他能够安息。同时，我们也希望他的兄弟姐妹‘我可以’‘我愿意’‘我行’，还有‘我立刻就去做’等人能够继承他的伟业。虽然他们不如‘我不能’先生的名气大，没有他的影响力强，但是他们会对我们每一个人、对全世界产生更加积极的影响。

“愿‘我不能’先生能够安息，也祝愿我们每一个人都能够振作精神，勇往直前！阿门！”

接下来，唐娜老师又带着孩子们回到了教室。大家一起吃饼干和爆米花，喝果汁，庆祝他们越过了“我不能”这个魔障。作为庆祝的一部分，唐娜老师还用纸为“我不能”先生剪了一个墓碑，上面写着“我不能”，中间则写上“安息吧”，下面写着日期。

在学生们的注视下，唐娜老师把这个纸墓碑挂在了教室的墙上。每当有学生习惯性地说出“我不能……”这句话的时候，她就用手指着这个象征死亡的标志，让那个孩子看。孩子们便会想起“我不能”先生已经死了，就会去找“我不能”先生的兄弟姐妹们“我可以”“我愿意”“我行”“我立刻去做”，并想出积极的解决方法。

哲理人生

“我不能”只是一个不怎么高明的谎言，只有做了才能断定你究竟是能还是不能。把“我不能”埋在深深的墓穴里，多与“我可以”“我愿意”“我行”“我马上去做”打打交道。

为理想埋单

美国有一位女孩叫西尔维亚，她出身良好，父亲是波士顿有名的整形外科医生，母亲在一家声誉很好的大学担任教授。良好的家庭环境给她的成长提供了肥沃的土壤，照理说她的人生应该一帆风顺，但偏偏事实不是这么一回事。

一直以来，她都有一个梦想，那就是希望自己有一天能够成为电视节目的主持人。她很自信，觉得自己有这方面的天赋，因为她很喜欢与人交流并且没有任何沟通障碍，哪怕是面对陌生人，她也能与其顺利地畅谈并获得对方的好感。为此，她的朋友们都戏称她是“亲密的随身听”。她听后更是高兴不已，常常信心满满地说：“只要有人愿意给我一次上电视的机会，我相信一定可以成功。”

但是，她的梦想一直没有实现。这是为什么呢？因为她总是一味地说着：“只要有人愿意给我一次上电视的机会”，却从来什么都不做。

她只是一直在等待着有人给她一个上电视的机会，希望有一天有人能找到她并请她去上电视，于是一夜之间便红遍荧屏。可是，这仅仅是一种梦想。电视台的人每天忙碌着自己的工作，根本就没有多余的时间去找一个既没有工作经验也没有知名度，更不知道要自己寻找、制造机会的西尔维亚。西尔维亚就一天天这么等待着，直到某一天她连梦想也被等待耗尽的时候，只好去当了一名产品营销员。

在这个世界上的某个角落里，有一个和西尔维亚有同样梦想的女孩，她叫辛迪。她也有着与西尔维亚一样的沟通能力，也有着电视节目主持人的梦想。但和西尔维亚不同的一点是，辛迪为了实现自己的梦想一直努力地行动着。

因为家境并不富裕，辛迪每天坚持白天去做工，晚上到大学的舞台艺术系学习。毕业之后，她甚至还为了梦想跑遍了洛杉矶的每一个广播电台和电视台，碰了一鼻子灰。因为，每个地方的经理对她的答复都差不多："我们需要的是成熟的主持人，没有几年工作经验的人我们不会考虑。"

尽管遭到很多次打击，经历了很多挫折，辛迪也没有放弃自己的梦想。她不仅没有放弃，也没有像西尔维亚那样只是空想着等一个别人赐予的机会，而是继续不断寻找机会。由于面试时经理们都嫌她没有任何工作经验，她一连几个月都仔细阅读广播、电视方面的杂志，提升自己的知识和涵养，积累相关经验。经过不懈的努力，她终于迎来了改变命运的一条招聘广告：北达科地州有一家很小的电视台招聘一名预报天气的女播音员。

虽然看起来并不是很理想，但辛迪非常重视这个机会，立即动身去那家电视台应聘。最后，她以出色的表现被录取了。辛迪在那里辛勤地工作了两年，获得了丰富的工作经验之后又回到洛杉矶一家电台谋到了一份工作。又过了五年，经验丰富的她终于梦想成真，成了红极一时的节目主持人。

哲理人生

每个人都有梦想，奇怪的是只有少数人将梦想变成了现实。很多人将这种实现了理想的情况归结为“幸运”，其实不然。在实现梦想的路上，只有那些勇于行动、不怕失败的实践者才能登上成功的巅峰。

从普通工人到著名导演

人的梦想千奇百怪，有魄力、有勇气去实现都可能成功。农民可以周游世界，工人也可以变成著名导演。可能很多人都看过他至少一部电影，他就是中国著名导演张艺谋。他从一个普通工人到著名导演，需要付出多少艰辛和汗水?

张艺谋在陕西乾县农村插过队，后来回城后，在一家棉纺厂当工人。在棉纺厂工作期间，他主要做宣传策划摄影，是当时棉纺厂有名的才子。后来，为了维持生计，他还开了一间摄影工作室。他酷爱摄影，喜欢通过镜头看世界。1977年，北京电影学院（简称“北影”）恢复考试，给了棉纺厂一个名额，厂里就推荐他报考。可是，他想到自己文化太低，有些犹豫。但是，这事在他心里却植了根，让他一直魂牵梦萦。不久，他和厂里的老大姐张春阳去长沙出差，结果在途中，他突然提出要去北京一趟，参加北影的招考。于是，他们趁机转道北京。到了考试时，张春阳才发现，张艺谋其实是有备而来。他早已准备好了所有摄影作品，还特地做了线装相册，上面贴了写有作品名称的白胶布。招考的老师们围着他的作品赞不绝口，有的甚至怀疑这不是他自己独立拍摄的。但是新的难题来了，那次北影招考年龄限定在25岁以下，可当时张艺谋已经28岁了。

经过这次报考，张艺谋找到了自己的梦想和方向。他担心北影的事不成，又开始联系到西安电影制片厂（简称“西影”）去当学徒。就在西影也准备招收他时，北影来了电话，让他作为代培生去上大学。从此，张艺谋进入北影摄影系学习，开始了自己的影业生涯。

1982年毕业后，他和陈凯歌等一起成就了“中国电影第五代”，让中国电影走向了世界。这位被美国《娱乐周刊》评选为当代世界20位大导演之一的中国人，一直都是中国电影的一面旗帜。

哲理人生

如果当年没有去北京，张艺谋至今恐怕还是咸阳某工厂的一个小角色。梦想再疯狂，如果不去实现，都是自欺欺人。行动是实现梦想的关键，梦想与现实的距离，唯有行动才能拉近，行动起来，成功便不远了。

版式设计：蒋碧君

文字编辑：王玉敏　陆泽铭

美术编辑：刘晓东

哈佛家训
版式设计：蒋碧君
文字编辑：王玉敏 陆泽铭
美术编辑：刘晓东